EL **PODER** DE LOS **NOMBRES** DE **DIOS** EN LA **ORACIÓN**

EL PODER DE LOS NOMBRES DE DIOS EN LA ORACIÓN

TONY EVANS

EDITORIAL
PORTAVOZ

La misión de *Editorial Portavoz* consiste en proporcionar productos de calidad —con integridad y excelencia—, desde una perspectiva bíblica y confiable, que animen a las personas a conocer y servir a Jesucristo.

Título del original: *Praying Through the Names of God,* © 2014 por Tony Evans y publicado por Harvest House Publishers, Eugene, Oregon 97402. Traducido con permiso.

Edición en castellano: *El poder de los nombres de Dios en la oración,* © 2016 por Editorial Portavoz, filial de Kregel, Inc., Grand Rapids, Michigan 49505. Todos los derechos reservados.

Traducción: Daniel Menezo

EDITORIAL PORTAVOZ
2450 Oak Industrial Drive NE
Grand Rapids, MI 49505 USA
Visítenos en: www.portavoz.com

ISBN 978-0-8254-5640-4 (rústica)
ISBN 978-0-8254-6452-2 (Kindle)
ISBN 978-0-8254-8603-6 (epub)

2 3 4 5 edición / año 25 24 23 22 21 20 19 18

Impreso en los Estados Unidos de América
Printed in the United States of America

Dedico este libro a dos guerreros de oración muy especiales:
mi ayudante ejecutiva, Sylvia Stewart,
que intercede por nuestra iglesia local,
y nuestra recepcionista, Nancy Reindle,
que ora en consonancia con las necesidades
y las peticiones de nuestro ministerio nacional.

Quiero expresar mi gratitud a mis amigos de Harvest House Publishers por su colaboración en la publicación de esta obra: Bob Hawkins Jr., LaRae Weikert, Nick Harrison y Gene Skinner. Espero que este libro sea de bendición para aquellos que contribuyeron a su publicación.

Contenido

INTRODUCCIÓN

A lo largo de las Escrituras vemos al pueblo de Dios que clama a su nombre. O, más exactamente, que clama a sus *nombres*. En la Biblia, Dios se revela mediante diversos nombres, sobre todo relacionados con su capacidad para satisfacer las necesidades de su pueblo. Así, el pueblo de Dios en la Biblia pudo invocar el nombre de Dios pidiendo paz, liberación, productividad, victoria, ánimo, seguridad, protección, provisión, poder y muchísimas otras cosas. Esto es cierto también para el pueblo de Dios en el día de hoy. Sea cual sea nuestra necesidad actual, Dios es quien puede satisfacerla y se nos revela como tal en uno de sus numerosos nombres.

El poder de los nombres de Dios en la oración es un instrumento que puedes usar para invocar el nombre de Dios respecto a una necesidad concreta. Puedes hacerlo con confianza, porque cada uno de los nombres de Dios en las Escrituras revela un aspecto de su naturaleza idóneo para la necesidad del momento. Invocar el nombre de Dios en oración supone apelar a ese aspecto de su carácter que tiene relación con nuestra necesidad concreta.

La Biblia incluye más de 85 nombres de Dios. Cada uno nos proporciona una descripción de quién es Dios y de cómo se relaciona con su creación. Si apelamos a Dios basándonos en la revelación de sus nombres, podemos ver la importancia que Él tiene para nuestras circunstancias particulares.

Para ayudarte a comunicarte con Dios, he incluido una oración relacionada con cada uno de sus nombres. La oración es el permiso celestial para intervenir en asuntos terrenales. Dios desea relacionarse con cada uno de nosotros de forma personal. Cada una de las oraciones tiene cuatro partes:

- adoración
- confesión
- acción de gracias
- súplica

Puedes repetir estas oraciones al pie de la letra o usarlas como una manera de respaldar la tuya. Es posible que, cuando empieces a orar usando el nombre de Dios relacionado con tu situación, puedas continuar después usando tus propias palabras.

Deseo que Dios utilice este libro para animarte y ayudarte a comunicarte con nuestro Padre celestial. Me da mucha satisfacción unirme a ti para orar al Señor usando sus nombres.

ELOHIM

EL DIOS CREADOR PODEROSO

En el principio creó Dios [Elohim] los cielos y la tierra. Y la tierra estaba desordenada y vacía, y las tinieblas estaban sobre la faz del abismo, y el Espíritu de Dios se movía sobre la faz de las aguas.

GÉNESIS 1:1-2

Adoración

Elohim, tú eres el Dios creador poderoso. En ti encuentro todos los componentes de todo aquello que has creado. Tu gran imaginación dotó al elefante de su larga trompa y al leopardo de sus manchas. Por tu brazo fuerte se midieron por primera vez las profundidades del océano y surgieron los montes. Elegiste el color del cielo y el modo en que la tierra se alimentaría, llegando a dar vida por medio de la muerte, cuando una semilla muere para convertirse en árbol. Te alabo por la grandeza de tu poder creador y por tu creatividad. Te adoro por la plenitud de tu poder. Te honro por el modo en que has hecho que todas las cosas, incluso las más pequeñas, colaboren para poblar esta gran creación tuya a la que llamamos Tierra.

Confesión

Elohim, perdóname cuando no reconozco tu poder creador. Perdóname por no hacer una pausa y quedarme asombrado frente a tu mano y la obra maestra que es tu creación. Perdóname por dudar cuando debería confiar en ti, incluso en lo relativo a mi propia vida: mi salud y mi propósito para esta vida. No siempre te he visto a la luz de tu grandeza y, en ocasiones, te hago parecer mucho más pequeño de lo que eres en realidad. Por esto te pido perdón.

Acción de gracias

Elohim, gracias por la seguridad que experimento cuando te reconozco como el gran Dios creador. Nadie te dijo cómo hacer que la Tierra rotase en su órbita de modo que nunca dejase de recibir luz y calor. Sin embargo, lo hiciste a la perfección. Te doy gracias porque sabes todas las cosas, y no necesitas que yo intente resolver mis problemas ni poner en práctica mis planes. Tú cohesionaste el universo con tus palabras; gracias por saber cómo cohesionar también mi vida.

Súplica

Elohim, crea grandes cosas para que camine en ellas. Crea encrucijadas en las que combines mi pasión, mis experiencias, habilidades e intereses de modo que pueda cumplir el llamado que me has hecho. Crea en mi corazón una pureza que sea apacible y atractiva para quienes me rodean. Crea mi destino, te lo ruego, y luego guíame por la senda correcta para honra de tu nombre y para complacerte. Confío en ti para crear la historia de mi vida y darme todo lo que necesito para vivir plenamente en el camino que has trazado para mí. Gracias, *Elohim*, por ser el poderoso Dios creador.

JEHOVÁ

EL DIOS RELACIONAL

Estos son los orígenes de los cielos y de la tierra cuando fueron creados, el día que Jehová Dios hizo la tierra y los cielos.
GÉNESIS 2:4

Adoración

Jehová, tú eres digno de toda alabanza y adoración. Eres el Dios que hizo los cielos y la tierra. Pusiste las estrellas en su lugar y colgaste la luna donde debía permanecer. Gobiernas sobre todo y, sin embargo, también buscas una relación con tu creación. Por esto y por mucho más eres digno de toda alabanza y adoración. Exalto tu nombre, *Jehová*, y busco tu rostro. Te honro porque estás sentado en tu trono por encima de todas las cosas. Eres el Dios grande y poderoso, que levanta reinos y somete naciones cuando le place. En tu misericordia sustentas toda vida y te complaces con pasión en nuestras almas.

Confesión

Jehová, vengo delante de ti con corazón contrito, porque sé que a menudo no te he honrado como el Señor y dueño de mi vida. Esperas que acuda a hablar contigo, que te salude cuando me despierto o que pase las tardes contigo, pero en lugar de eso he perdido el tiempo en distracciones inútiles. Eres el Dios relacional, que desea caminar conmigo en el frescor del día, como lo hiciste con Adán y Eva en aquellos primeros días de tu creación. Perdóname porque con frecuencia intento caminar solo, ignorando la bendición y el gozo de tu presencia.

Acción de gracias

Jehová, gracias por querer estar cerca de mí. Gracias porque no solo eres exaltado sobre los cielos, sino que habitas con los humildes y con aquellos que no tienen una posición social elevada. Gracias por la bondad y la profundidad de tu corazón, que derrama su amor una y otra vez en mi vida. Gracias por tu gracia y tu paciencia, que manifiestas con amor incluso cuando te rechazo tantas veces. A menudo camino en medio de la belleza de tu creación sin darte la alabanza y el crédito que mereces. Te ruego que aceptes ahora mi corazón de gratitud por todo lo que has hecho, y por tu deseo de conocerme plenamente y capacitarme para que también te conozca.

Súplica

Jehová, conocerte y ser conocido por ti, experimentar la profundidad de esta intimidad es el máximo anhelo de mi corazón. Dame la capacidad de amarte profundamente y de recibir el amor que sientes por mí. En los lugares en que mi corazón se haya endurecido o se haya vuelto escéptico, recuérdame la pureza de tu amor y toca mi corazón para ablandarlo. En los puntos en que mi mente se haya vuelto demasiado analítica, dame la capacidad de maravillarme ante quien eres y ante las obras de tus manos. Deleita mi alma con tu Palabra y con el viento fresco de tu Santo Espíritu. Aminora mi velocidad para que permanecer en ti se convierta en una forma de vida. Ayúdame a honrarte como Rey y a extender tu reino.

ADONAI

EL DIOS QUE GOBIERNA

Señor [Adonai] Jehová, tú has comenzado a mostrar a tu siervo
tu grandeza, y tu mano poderosa; porque ¿qué dios hay en el
cielo ni en la tierra que haga obras y proezas como las tuyas?
DEUTERONOMIO 3:24

Adoración

¡Oh Señor Dios, mi *Adonai*, eres un Dios grande y poderoso! Me has abierto los ojos para ver tu grandeza y tu mano fuerte. ¿Qué dios hay en el cielo o en la tierra que pueda hacer las cosas increíbles y poderosas que tú haces? ¿Quién puede crear un monte? ¿Quién puede hacer los abismos donde se acumulan las aguas, mucho más allá de todo lo que podamos ver? ¿Quién puede calmar una tormenta con solo una palabra? Nadie más que tú, *Adonai*. Eres el dueño de todo, el Señor sobre todas las cosas, y mereces el máximo honor y la alabanza suprema.

Confesión

Adonai, me postro humildemente y te ruego que me perdones por no honrarte como debiera. Te pido que me muestres tu gran misericordia por todos los momentos en los que he vivido mis días sin tener en cuenta que tú eres el Señor y dueño de todas las cosas. ¿Cómo me atrevo a no ver tu mano? ¿Cómo me atrevo a atribuir a los hombres lo que has hecho tú? Perdóname por esa miopía espiritual y por mi falta de fe.

Acción de gracias

Adonai, gracias por ser mi Señor y mi dueño, y aun así permitirme conocerte íntimamente. Gracias por acordarte de mí en todo momento y por recordarme tu presencia. Tu amor me cautiva; tu poder me fascina. Lo único que necesito es tu amor en mi vida, y te doy las gracias, *Adonai*, por darme acceso a tu persona en cada momento del día. Siempre que te necesito, ahí estás. Te amo, *Adonai*, y te doy las gracias por concederme el privilegio de amarte y recibir tu amor.

Súplica

Adonai, ayúdame a someter a ti y a tu gobierno mis pensamientos, actos, corazón, decisiones y deseos, de modo que experimente plenamente la bendición de tu mano en mi vida y pueda cumplir el destino que has preparado para mí. Que viva todos los días que has ordenado para mí, y que descubra el llamamiento que me has dado. Ayúdame a compartir con otros el conocimiento de tu persona, y a mostrar el amor que has puesto en mi corazón a aquellos que más lo necesitan. Que tus ojos de amor observen todo lo que haga. Te pido que me capacites para impactar en las vidas de quienes me rodean con el programa de tu reino.

EL-BET-EL

EL DIOS DE LA CASA DE DIOS

Y edificó allí un altar, y llamó al lugar El-bet-el, porque allí
le había aparecido Dios, cuando huía de su hermano.
GÉNESIS 35:7

Adoración

El-bet-el, sé que puedes hacer todas las cosas y que nadie puede obstaculizar tus propósitos. Has revelado tu poder y tu fortaleza de incontables maneras. Los cielos cuentan tu gloria, y manifiestan tu prodigiosa artesanía. Día tras día siguen hablando y de noche te dan a conocer. Hablan sin palabras y su voz es silenciosa en los cielos. Sin embargo, su mensaje llega a todos los habitantes de la tierra. Porque, desde la creación del mundo, tus atributos invisibles, tu poder eterno y tu naturaleza divina han sido manifiestos claramente, siendo entendidos por medio de lo que ha sido creado. Te has revelado a todos nosotros, *El-bet-el*, y te alabo por ser quien eres.

Confesión

El-bet-el, confieso que no siempre te veo cuando te revelas a mí. No siempre me asombro ante la complejidad de tu creación. No logro maravillarme ante la profundidad de tu sabiduría. Perdóname por esos momentos en los que te has revelado a mí y he preferido contemplarte con los ojos terrenales en lugar de usar el discernimiento espiritual. Permite que mi amor abunde más y más en conocimiento y percepción, de modo que sepa discernir qué es lo mejor y para que sea puro al reconocerte.

Acción de gracias

El-bet-el, gracias por darte a conocer a mí. Gracias por hacer tu morada conmigo por medio de la muerte, la sepultura y la resurrección de tu Hijo Jesucristo, que permitió que tu Espíritu Santo hiciera su morada en mi espíritu. Ahora mi cuerpo es el templo del Dios vivo. Mi vida es *bet-el*, donde tú habitas, y a pesar de ello aún me esfuerzo por tomar mis propias decisiones en vez de cumplir tus deseos. Gracias por tu paciencia y tu longanimidad al habitar en mí y conmigo.

Súplica

El-bet-el, vive en mí. Pon tu hogar en lo profundo de mi alma. Que tus palabras habiten en mí y pueda conocerlas y vivir por ellas y para ti. Revélame el pecado que debo confesar y del que he de apartarme, de modo que sea puro y sin mancha delante de tus ojos. Muéstrame la mejor manera de honrarte por medio de este templo que has levantado en mi interior. Guíame en mis hábitos alimentarios, a la hora de elegir cómo disfrutar de mi ocio, e incluso en la ropa que me pongo, de modo que siendo como soy tu casa, *bet-el*, pueda glorificarte en todo lo que haga. Concédeme el discernimiento para saber cómo ser un buen reflejo de ti.

ELOHÉ JASEDI

DIOS DE MISERICORDIA

*El Dios de mi misericordia [Elohé Jasedi] irá delante de
mí; Dios hará que vea en mis enemigos mi deseo.*
Salmo 59:10

Adoración

Elohé Jasedi, sabes cómo fui formado. Recuerdas que soy polvo.
Por tu amor me muestras misericordia. De eternidad a eternidad tu
amor está con quienes te temen, y tu justicia con los hijos de sus
hijos, aquellos que guardan tu pacto. *Elohé Jasedi*, mostraste favor a
tu pueblo y has rescatado a muchos de la cautividad. Has olvidado
mi iniquidad y cubierto mi pecado. Por tu misericordia, has apartado
tu ira y te has vuelto de tu furor ardiente. Sin duda, tu salvación está
cercana a quienes te temen; que tu gloria habite en nuestros corazones y en nuestra tierra. Tu amor y tu verdad se han encontrado, la
justicia y la paz se han besado, y por eso alabo tu nombre.

Confesión

Elohé Jasedi, confieso que en ocasiones me tomo a la ligera tu
misericordia. Pero, gracias a esa misericordia, tú me has concedido
una segunda oportunidad tras otra. Me has mostrado perdón y me
has librado de las consecuencias plenas que merecían mis actos.
Perdóname por no reconocer el poder de tu misericordia, por no
recordar de qué me has librado, y por no entregarte la devoción ex-
clusiva de mi corazón. Restáurame, *Elohé Jasedi*, porque has apartado
de mí tu indignación. Avívame otra vez de modo que me pueda re-
gocijar en ti.

Acción de gracias

Elohé Jasedi, gracias por mostrarme tu bondad. Gracias por concederme la salvación no solo por la eternidad sino también en la historia. Gracias por hablar paz y misericordia a tu pueblo, a tus santos. Gracias por expresarme tu misericordia y por capacitarme para alejarme de la necedad. Te agradezco que tu verdad y tu misericordia surjan de la tierra, y que tu compasión mire desde los cielos. Ciertamente, *Elohé Jasedi*, me darás aquello que me conviene y mi vida dará sus frutos. La misericordia y la paz van delante de ti, preparando un camino que pueda seguir.

Súplica

Elohé Jasedi, en tu misericordia y compasión me has hecho grandes y poderosas promesas. Me capacitas para compartir tu naturaleza divina y escapar de la corrupción del mundo y de las consecuencias de seguir mis deseos carnales. Tu misericordia me prepara para vivir en paz, sin inquietarme por el temor a ser herido. Por medio del don de tu misericordia, concédeme paz en mi mente y en mi corazón para que no esté atribulado ni temeroso. Tu don procede de lo alto, y no es como lo que da el mundo: es eterno y es auténtico.

EL ELOHÉ-ISRAEL

EL DIOS PODEROSO DE ISRAEL

Y erigió allí un altar, y lo llamó El-Elohe-Israel.

GÉNESIS 33:20

Adoración

El Elohé-Israel, eres el Dios poderoso de Israel. A lo largo de la historia has elegido a Israel y a su pueblo como tuyos. Les has llamado la niña de tus ojos (Zac. 2:8). Has prometido convertirles en una gran nación y bendecir a quienes bendigan a Israel, y maldecir a quienes la maldigan. Por medio de Israel has concedido también a toda la humanidad el don inefable de la salvación por medio de uno de los suyos, Jesucristo. Te alabo por la manera en que creas tu plan estratégicamente a lo largo del tiempo para poner por obra la manifestación plena del programa de tu reino en este mundo. Me maravilla el modo en que has usado a Israel para realizar tu plan desde la eternidad.

Confesión

El Elohé-Israel, perdóname por no orar por tu pueblo Israel, como me has indicado que hiciera en tu Palabra. Perdóname por los momentos en que no he querido escuchar o ver la destrucción que siguen padeciendo como nación. Perdona a aquellos que han traído semejante destrucción sobre las personas inocentes de esa tierra, y perdona a las naciones que no han usado sus capacidades para proteger o fortalecer a tus elegidos.

Acción de gracias

El Elohé-Israel, quiero darte las gracias porque eres un Dios de propósito y de planificación, y porque has elegido a Israel como el canal por medio del cual has traído la salvación a la humanidad. Por medio del nacimiento virginal de Jesucristo, la deidad en forma humana, y su muerte, sepultura y resurrección, has abierto el camino para que toda la humanidad esté libre de pecado, y todos hemos sido bendecidos. Con gratitud te alabo y levanto acción de gracias por tu plan de salvación y por proteger a Israel a lo largo de los años, de modo que Jesucristo pudiera venir a este mundo.

Súplica

El Elohé-Israel, quiero pedirte por la paz de Israel. Te pido que extiendas tu mano de compasión y de misericordia a las áreas de destrucción en las que hombres, mujeres y niños son heridos y mueren, y que los rescates. Ruego por tu poder en medio del caos, por tu gracia en medio del desespero. Pongo ante tu presencia al gobierno de Israel y a su ejército, y ruego que tu reino se manifieste en ellos. Trae a los israelitas al conocimiento salvador de tu Persona, y protégelos cuando defienden a sus ciudadanos inocentes de terroristas y militantes. Hoy bendigo a Israel en tu nombre, *El Elohé-Israel*, y te pido que tú también lo hagas. Ayúdame también a compartir tus sentimientos por Israel.

EL ELOHIM JEHOVÁ

EL PODEROSO, DIOS, EL SEÑOR

Jehová Dios de los dioses, Jehová Dios de los dioses [El Elohim Jehová], él sabe, y hace saber a Israel: si fue por rebelión o por prevaricación contra Jehová, no nos salves hoy.

JOSUÉ 22:22

Adoración

El Elohim Jehová, ¡eres el Poderoso! Eres nuestro Dios poderoso, el Señor. Nuestro idioma no tiene las palabras idóneas para expresar las grandes y poderosas facetas de quién eres, de modo que repetimos los adjetivos en un intento de acercarnos un poco a lo que mereces. Tú lo sabes todo, tú estás por encima de todo. Eres más fuerte que todo lo que existe junto. Te alabo por tu poder, fortaleza y dominio. Me inclino humildemente ante ti para honrar el lugar que te pertenece por derecho en mi vida como *El Elohim Jehová*.

Confesión

El Elohim Jehová, perdona mis iniquidades, pues son muchas. Confieso que no siempre te he honrado como el poderoso y fuerte sobre todas las cosas. Con demasiada frecuencia antepongo mis deseos a la búsqueda de lo que prefieres y deseas hacer en mi vida y por medio de ella. Perdóname por limitarte, por intentar reducirte a lo que puedo entender, por predecir lo que harás, en lugar de reconocer que eres el Señor, Dios de dioses. Lo sabes y lo ves todo, y mereces el máximo lugar de respeto en mi corazón.

Acción de gracias

El Elohim Jehová, te doy las gracias porque en tu inmenso poder y fuerza sigues siendo *Jehová*, el Dios relacional. Tu fortaleza y tu grandeza no te impulsan a olvidar la comunión que puedes tener con alguien como yo. Puedes realizar tus planes sin mí, pero gracias por darme un papel en ellos porque me amas. Gracias por tu amor, un amor sano, que no depende de nadie más. Gracias a tu fuerza y a tu poder, puedes amar incluso cuando te decepcionamos.

Súplica

El Elohim Jehová, enséñame a amar como tú. Enséñame a caminar en tu fuerza y en tu poder. Tu Espíritu vive dentro de mí, tu hijo/a, y tengo acceso a tu fortaleza por medio de la presencia de tu Espíritu. No siempre soy fuerte, sobre todo cuando llegan las crisis de salud o las económicas, o cuando tengo una mala relación con alguien, pero tú eres poderoso. Así que te ruego que intervengas en mis pensamientos, mi corazón y mi mente cuando se presenten estas circunstancias, de modo que pueda manifestar plenamente tu fuerza y tu poder en mi vida.

EL ELIÓN

EL DIOS ALTÍSIMO

*Entonces Nabucodonosor se acercó a la puerta del horno de
fuego ardiendo, y dijo: Sadrac, Mesac y Abed-nego, siervos
del Dios Altísimo [El Elión], salid y venid. Entonces Sadrac,
Mesac y Abed-nego salieron de en medio del fuego.*
DANIEL 3:26

Adoración

El Elión, te alabo. Te alabo en tu santuario. Te alabo en la expansión de tu firmamento. Te alabo por tus obras maravillosas, conforme a tu excelente grandeza. Te alabo con música, cánticos y palabras de adoración. Mi alma se gloría en ti, *El Elión*. Hoy bendigo tu
nombre y no olvidaré ninguno de tus beneficios. Tienes en tu mano
el poder para impedir que me dañen las llamas de las pruebas de esta
vida. Tienes el poder para salvar. No temeré lo que me pueda hacer
el hombre, porque tú eres *El Elión*, el Dios Altísimo.

Confesión

El Elión, veo el humo y empiezo a temblar cuando me rodean los
problemas de esta vida, ya sea en mi trabajo, mi salud, mi economía,
mi familia o incluso en mí mismo, debido a la ansiedad, la preocupación o el miedo. Sin embargo, tú eres *El Elión*, y sabes incluso
cuando cae un cabello de mi cabeza. Protegiste a Sadrac, Mesac y
Abed-nego cuando fueron arrojados a una muerte segura. Pero esa
sentencia de muerte se convirtió en promesa de vida cuando inter-
viniste. Perdóname, *El Elión*, por mirar solamente lo que veo, las
cosas que me parece que me causarán una herida inevitable, física o
emocional, en lugar de mirarte a ti.

Acción de gracias

El Elión, recibe la gratitud de mi corazón por ser el Dios Altísimo. Acepta mi espíritu de agradecimiento por sostener mi mundo en la palma de tu mano. Eres paciente, amable y cariñoso, pero también poderoso, invencible e insuperable. Gracias por demostrarme una y otra vez que estás por encima de todas las cosas, y por librarme de las trampas del enemigo.

Súplica

El Elión, te pido que manifiestes tu poder asombroso en mi interior, más y más cada día. Cuando estoy inmerso en una circunstancia difícil, demasiado a menudo quiero depender solo de mí. Como Sadrac, Mesac y Abed-nego, veo las llamas. Pero muy a menudo tengo miedo. Ayúdame, en cambio, a recurrir a ti, el Dios eterno, el Creador de los confines de la tierra. No solo eres el Dios Creador, eres *Elión*, Altísimo. No desfalleces ni te fatigas. Tu entendimiento es inescrutable. Dame fuerzas cuando me sienta débil, y auméntamelas cuando soy débil. Ayúdame a esperar siempre en ti como hicieron los jóvenes hebreos en medio de las llamas ardientes.

EL EMUNÁ

EL DIOS FIEL

Conoce, pues, que Jehová tu Dios es Dios, Dios fiel [El Emuná],
que guarda el pacto y la misericordia a los que le aman y
guardan sus mandamientos, hasta mil generaciones.
DEUTERONOMIO 7:9

Adoración

El Emuná, tu fidelidad me convence de que nada podrá separarme de tu amor. Ni la muerte ni la vida, ni el temor ni la inquietud, ni siquiera los poderes infernales pueden separarme de ti, porque eres fiel. Te honro y te adoro por la fidelidad que me muestras incluso cuando te soy infiel. Te alabo por guardar tu pacto de amor no solo conmigo, sino también con miles de generaciones de aquellos que te aman y te buscan con todo su corazón, su mente y su alma. Te alabo, *El Emuná*, por la fidelidad que revelaste al redactar tu Palabra para instruirme, de modo que por medio de la perseverancia y la exhortación de tus Escrituras pueda tener esperanza.

Confesión

El Emuná, tu fidelidad me recuerda que no siempre te soy fiel. Aunque tengo la intención de serte fiel, surgen circunstancias que provocan miedos y dudas, que me tientan a tomar decisiones egoístas y avariciosas para protegerme. Confieso que no siempre soy *emuná* contigo y con quienes me rodean. Con demasiada frecuencia no he aceptado esa responsabilidad. Perdóname mi debilidad emocional Recuérdame una y otra vez tu fidelidad, de modo que cada día me parezca más a ti.

Acción de gracias

El Emuná, gracias por tu fidelidad conmigo. Gracias por las numerosas ocasiones en que te he visto intervenir en mi vida cuando no sabía cómo iba a pagar las facturas, cómo me iba a curar, o cómo podría hallar la paz relacional en medio del caos y del conflicto. Gracias por ser fiel una y otra vez a las palabras que has puesto en mi corazón y a tus promesas en las Escrituras.

Súplica

El Emuná, es fácil empezar a dudar de tu fidelidad cuando tengo que regresar a ti una y otra vez para confesar que me he equivocado. Te pido que fortalezcas la determinación de mi espíritu para creer de verdad que eres *El Emuná*, y que, como eres fiel, nunca me abandonarás. Me has prometido que nunca me dejarás ni me abandonarás. Te pido que abras los ojos de mi corazón para que vea tu fidelidad y conserve la confianza, sin sombra de duda, de que mi relación contigo está fundamentada en un pacto.

ELOHÉ TEHILATI

DIOS DE MI ALABANZA

Oh Dios de mi alabanza [Elohé Tehilati], no calles.

SALMO 109:1

Adoración

Elohé Tehilati, tú eres mi fuerza y mi canción. Te ensalzo porque te has convertido en mi salvación. Te doy alabanzas porque eres el único Dios verdadero. ¿Quién es como tú entre los dioses? ¿Quién como tú en toda la tierra? ¿Quién es majestuoso en santidad, santo en las alabanzas, y quién obra maravillas sin cesar? Solo tú, *Elohé Tehilati*. Eres merecedor de mi alabanza y de mi adoración. Grande eres tú, Dios, y digno de ser alabado. Debes ser temido por encima de todas las cosas. Te atribuyo la gloria debida a tu nombre, y acudo ante ti con una oración humilde para alabarte, oh *Elohé Tehilati*.

Confesión

Elohé Tehilati, me postro ante la majestad de tu gloria y de todo aquello de lo que eres digno, y confieso que soy culpable de intentar arrebatar tu alabanza y robar tu gloria. Con demasiada frecuencia intento llevarme el crédito por lo que has hecho. No logro recordar que tú eres aquel que muestra favor, abre puertas y da las oportunidades que experimento en mi vida. No puedo hacer nada sin ti, de modo que eres digno de mi alabanza más sentida y verdadera.

Acción de gracias

Elohé Tehilati, te doy las gracias y alabo tu santo nombre. Eres bueno, y tu misericordia permanece para siempre. Te daré gracias conforme a tu justicia y a tu gracia. Alabo tu nombre de alabanza, *Elohé Tehilati*. Deseo que las palabras de mi boca y la meditación de mi corazón te deleiten y no te contraríen. Guíame a un estilo de vida de gratitud y de alabanza. Gracias por hacer esto en los próximos días.

Súplica

Elohé Tehilati, lléname de gratitud hasta que desborde. Dame ojos para verte a mi alrededor. Abre mi mente a las cosas espirituales. Ayúdame a discernir las verdades espirituales para que pueda asombrarme ante quién eres. Refina mi alma de modo que la alabanza se convierta en mi respuesta natural, en lugar de algo que me invitan a practicar en la iglesia. Apártame de los pecados sutiles que me distraen de glorificarte y honrarte. Libera mi corazón para que reciba en mi vida la plenitud de tu presencia y de tu poder.

EL HAKABOD

DIOS DE GLORIA

*Voz de Jehová sobre las aguas; truena el Dios de gloria
[El Hakabod], Jehová sobre las muchas aguas.*
SALMOS 29:3

Adoración

El Hakabod, has revelado tu gloria en Jesús. Él es el resplandor de *El Hakabod* y la representación exacta de tu naturaleza. Gracias a Jesús puedo entrar en tu presencia con el rostro descubierto y contemplar la gloria del Señor. Te alabo y te adoro, transformándome a tu imagen de un grado de gloria a otro. Tu gloria es tan magnífica que el cielo no necesita ni sol ni luna que lo iluminen, porque tú, *El Hakabod*, le das luz, y la lámpara es el Cordero de Dios, Jesucristo.

Confesión

El Hakabod, eres un Dios celoso que no comparte su gloria con nadie. Perdóname por volver mi vista a la humanidad, pensando que una u otra persona me librará de una prueba concreta. No, fuiste tú quien utilizó a otros para ofrecernos tu liberación prevista. Perdona mi falta de visión al no contemplar siempre tu gloria por medio de tu creación, tus obras, tu Palabra y tu Espíritu.

Acción de gracias

El Hakabod, tú eres luz y en ti no hay tinieblas. Gracias por tu gloria que llega a todas partes y por sustentar este mundo y todo lo que hay en él. Sin tu gloria, el pecado atraparía y destruiría toda vida y toda esperanza. Gracias porque en Cristo Jesús tu gloria se hizo carne y habitó entre nosotros, dándonos la oportunidad de ver la gloria del unigénito del Padre, lleno de gracia y de verdad.

Súplica

El Hakabod, tu voz está sobre las aguas y tu gloria resuena por toda la tierra. ¿A quién temeré si no a ti? Te pido que intervengas a mi favor cuando los enemigos amenazan con derrotarme. Tu gloria es fuerte y poderosa, como el trueno y el rayo. Conoces a todos mis enemigos y me librarás de ellos. No permitas que me entrometa en la acción de tu gloria siendo orgulloso, confiando en mi propias fuerzas o buscando venganza. Como libraste a José no solo una vez, sino dos —del pozo y de la prisión—, líbrame, *El Hakabod*, de la mala voluntad de mis adversarios que se oponen a tu verdad.

ELOHIM JAYIM

EL DIOS VIVO

En esto conoceréis que el Dios viviente [Elohim Jayim] está en medio de vosotros, y que él echará de delante de vosotros al cananeo, al heteo, al heveo, al ferezeo, al gergeseo, al amorreo y al jebuseo.
JOSUÉ 3:10

Adoración

Elohim Jayim, tú eres el Dios vivo. Exalto tu nombre con alabanzas, porque mereces mi máxima adoración. En ti está la vida; todo lo que vive encuentra en ti su existencia. Sin ti no tenemos vida. Todo animal, célula, flor, ser humano, todo ser viviente recibe su vida de ti. ¡Tremendo y grande *Elohim Jayim*, alabo tu nombre poderoso y vivificador!

Confesión

Elohim Jayim, eres la fuente de mi vida. Cada vez que inspiro aire, cada mañana que me despierto, son gracias a ti, el Dios vivo. Tu vida se extiende a la mía, dándome la oportunidad de experimentar tu creación. Perdóname por las veces que no parezco valorar la vida que me has dado. Perdóname por elegir mal lo que como o no dormir todas las horas que necesito. Perdóname por no atesorar y cuidar el don de la vida que me has dado. Eres el Dios viviente, y participas profundamente en todo lo que hago.

Acción de gracias

Elohim Jayim, gracias por estar activo e implicarte en mi vida cotidiana. No eres un Dios que se siente alejado de mí, apartado y distante, sin influir en lo que me sucede. De igual modo que apartaste a los cananeos, heteos, ferezeos, gergeseos, amorreos y jebuseos de delante de los israelitas, también estás vivo y activo en las circunstancias de mi vida. Gracias por tu interés, tu cuidado y tu participación de amor en mi vida, por medio de ella y a mi alrededor.

Súplica

Elohim Jayim, revélame tus caminos. Muéstrame tu sendero. Camina junto a mí, delante de mí, señalando mis pasos. ¡Oh Dios viviente, guíame y dirígeme! Hazme consciente de tu presencia cuando no lo soy. Dame discernimiento para ver tu obra secreta cuando no vea tu mano. Y, por favor, ve delante de mí, como hiciste con los israelitas, para ahuyentar a mis enemigos y ayudarme a alcanzar el destino que has dispuesto para mí.

EL HAYAY

EL DIOS DE MI VIDA

*Pero de día mandará Jehová su misericordia, y de noche su cántico
estará conmigo, y mi oración al Dios de mi vida [El Hayay].*
SALMOS 42:8

Adoración

El Hayay, de día me envías tu amor, y de noche tu cántico está
conmigo. Eres el Dios de mi vida. Diriges mis pasos conforme con
tu voluntad y tu deseo. Me haces caminar en terreno firme. Cuando
anochece, alumbras el camino y me consuelas. En ocasiones no logro
ver la belleza que se extiende ante mí, porque las tinieblas me tapan
los ojos. Pero en esos momentos me pides que tenga fe en ti, que me
aferre a tu Palabra de modo que, cuando salga el sol, vea la grandeza
de tu bondad en mi vida.

Confesión

El Hayay, sabes que me he hecho más preguntas de las que debiera. Te he pedido ver la meta cuando no he confiado en los medios
que utilizas en mi vida. He dudado de tu corazón cuando no he
podido ver tu mano, o cuando tus caminos me parecían confusos.
Perdóname por no descansar en tu nombre, *El Hayay*, el Dios de
mi vida, y por intentar llevar yo mismo el timón de mi existencia.
Perdona mi espíritu impetuoso.

Acción de gracias

El Hayay, gracias por ser de verdad el Dios de mi vida. Me conoces mejor de lo que nadie podría hacerlo. Lo que es más, tu cuidado
de mi persona es auténtico. No tienes motivos ocultos para revelar
quién soy, de modo que te doy gracias por tu amor, tan real, tan

amable, tan profundo. Gracias, *El Hayay*, por guiarme y conducir mis pasos. Gracias por hablarme cuando te busco a ti y tus caminos. Gracias por ser *El Hayay*.

Súplica

El Hayay, Dios de mi vida, te ruego que estés muy cerca de mí. Abre mis oídos para oírte. Ablanda mi corazón para discernir tu Espíritu. Ayuda a mis ojos a reconocer tu mano cuando introduces algo nuevo en mi vida. Aleja mi frustración y mi ira de las personas que parecen obstaculizar mi vida, *El Hayay*, y ayúdame a recordar que eres soberano. Nada me sucede que antes no pase por tus manos. Los reyes te miran y se postran. Te ruego que en cada momento te honre y viva en ese mismo espíritu de humildad ante el Dios que conoce los pasos que debo dar y que me guía.

ELOHIM KEDOSHIM

EL DIOS SANTO

Entonces Josué dijo al pueblo: No podéis servir a Jehová,
porque él es Dios santo [Elohim Kedoshim], y Dios celoso;
no sufrirá vuestras rebeliones y vuestros pecados.
JOSUÉ 24:19

Adoración

Elohim Kedoshim, no hay nadie como tú, nadie es santo como el Señor. No hay nadie fuera de ti, nadie que siquiera se te pueda asemejar. Te alabo como el Señor mi Dios, y me consagro a ti para ser santo como tú lo eres. Levanto tu nombre, porque eres aquel que es alto y exaltado, que vive en la eternidad y es llamado *Elohim Kedoshim*. Habitas en un lugar alto y santo, pero también con quienes tienen corazón contrito y humillado. En tu santidad, vivificas a los humildes y consuelas a los que sufren.

Confesión

Elohim Kedoshim, sé que deseas que yo sea santo como tú lo eres, y anhelo serlo con todo mi corazón. Pero también sé que en el pasado me he quedado corto, igual que me pasa en el presente, y sé que en el futuro tampoco seré como debo. En mi finitud, peco con excesiva frecuencia. Mis pecados de comisión y de omisión ofenden tu belleza y tu pureza. Perdóname por la inquietud, las dudas, el temor, la ansiedad, la ira e incluso la falta de amor que llevo a veces en el corazón. Límpiame en tu santidad.

Acción de gracias

Elohim Kedoshim, gracias por ser absolutamente puro y verdadero. Te doy las gracias, Dios santo, por haber abierto un camino por medio de tu Hijo Jesucristo para permitirme llegar a tu presencia. Aunque eres santo, deseas mi corazón y quieres mantener una relación íntima conmigo. Tu santidad es la belleza que veo en este mundo, y te doy las gracias por bendecirme y bendecir la tierra al reflejar tu santidad en tu creación.

Súplica

Elohim Kedoshim, te pido paciencia. Te ruego que sigas mostrándome favor y paciencia mientras lucho día tras día para reflejarte mejor de lo que lo he hecho en el pasado. Sé que la falta de santidad pura en mi espíritu te entristece, y aun así me amas. Haz que mi corazón sea santo como el tuyo. Háblame antes de que tome decisiones erróneas o cuando tenga malos pensamientos. Sabes cómo hablarme de un modo que te pueda oír, y por eso te pido que intervengas en mi vida y me capacites para vivir en santidad todos los días.

EL KANNA

EL DIOS CELOSO

No te inclinarás a ellas, ni las honrarás; porque yo soy
Jehová tu Dios [El], fuerte, celoso [Kanna], que visito
la maldad de los padres sobre los hijos hasta la tercera
y cuarta generación de los que me aborrecen.
ÉXODO 20:5

Adoración

El Kanna, eres un Dios celoso. Te alabo por la paciencia que has
tenido conmigo todas las veces que he puesto algo por encima de ti.
A veces, en lugar de acudir a ti, recurro a otra persona para resolver
mi problema o para conseguir lo que creo que necesito, pero sé que,
como *El Kanna*, te sientes menospreciado o herido. Sin embargo,
tu amor como mi Salvador me trae misericordia una y otra vez. Te
adoro porque eres fuerte, *El Kanna*, pero también me muestras tu
gracia y tu favor.

Confesión

El Kanna, sabes cuántas veces he acudido a un amigo antes que
buscar tu presencia o tu sabiduría en una circunstancia. Sabes con
qué frecuencia intento salir solo de pruebas o tentaciones en vez
de recurrir a ti. Tu favor y tu mano me han protegido, abriéndome
puertas y concediéndome el éxito, y sin embargo, me siento orgulloso por cosas que, equivocadamente, pienso que he conseguido
solo. Perdóname por provocarte a celos, *El Kanna*. Perdona mi in-
sensibilidad y mi pecado.

Acción de gracias

El Kanna, gracias por prometer en tu Palabra que castigarás a los hijos por los pecados de los padres hasta la tercera y la cuarta generación de aquellos que te aborrecen. Sin embargo, has enviado a tu Hijo Jesucristo para ofrecer misericordia y romper el ciclo de tu ira siempre que un corazón se vuelve a ti. Gracias por ser un Dios celoso, porque eso indica la profundidad de tu amor. Si no me amases profundamente, más de lo que puedo comprender, no serías celoso. Para ti no sería importante lo que yo hiciera o dejase de hacer. Tu naturaleza celosa me manifiesta tu amor.

Súplica

El Kanna, te pido que me enseñes maneras de honrarte en mi vida, con mis actos, mis palabras y mis pensamientos. Que mis labios estén sazonados con aquello que te deleite. Que mis deseos reflejen los tuyos. Permíteme darte siempre la alabanza que mereces. Dame discernimiento espiritual para reconocer tu mano que obra, y dame la valentía que necesito para proclamar tu bondad a otros. Te ruego tu favor, *El Kanna*, para que viva una vida que realmente te respete y bendiga a otros.

ELOHÉ MA'UZZI

EL DIOS DE MI FORTALEZA

Dios [Elohé] es el que me ciñe de fuerza
[Ma'uzzi], y quien despeja mi camino.

Adoración

Elohé Ma'uzzi, eres mi fortaleza poderosa. Eres el Dios de mi fortaleza. En ti encuentro todo lo que necesito. En ti están el poder y la fuerza. Te alabo por tu mano poderosa. Exalto tu nombre para honrarte debido a tu grandeza. Tu creación da testimonio de tu poder. Las montañas se elevan para proclamar tu brazo fuerte. Las profundidades del océano revelan tu fuerza. La luna se mantiene en su lugar gracias a tu poder. El sol arde como resultado de tu capacidad creadora. Eres digno de la máxima estima, y te alabo, *Elohé Ma'uzzi*.

Confesión

Elohé Ma'uzzi, perdóname por dudar de tu fortaleza y por no recurrir a ella en mi vida regularmente. Siendo hijo del Rey, tengo acceso a tus fuerzas pero, a menudo, intento caminar usando mi propio poder limitado. Ciertamente en ocasiones debes preguntarte por qué no dependo de tu fortaleza, *Elohé Ma'uzzi*. Perdóname, Señor, por no aprovechar un regalo tan grande.

Acción de gracias

Elohé Ma'uzzi, te doy gracias por ser fuerte y poderoso, y por serlo *por mí*. Eres un Dios personal que desea verme alcanzar mi destino conforme a tu llamado y al propósito para el que me has creado. Para conseguirlo, necesito tus fuerzas. No tengo que hacer malabarismos con todo lo que hay en mi vida, porque me has dicho que si vengo a ti, me darás lo demás. Tu yugo es fácil y tu carga es ligera, porque los llevas por mí. Gracias, *Elohé Ma'uzzi*, porque en ti encuentro mis fuerzas.

Súplica

Elohé Ma'uzzi, revísteme de tu gran fuerza. Que mi corazón sea fuerte y mi mente sabia. Dame fuerzas para resistir la tentación cuando esta sea murmurar, usar mi tiempo neciamente o albergar amargura. Sea lo que fuere, dame fuerzas, permite que *tus* fuerzas sean las mías. Fortalece mis manos para hacer todo lo que has dispuesto que haga. Fortalece mi mente para pensar en grande porque sirvo a un Dios grande. Fortalece mi determinación cuando la vida parece injusta o una batalla. *Elohé Ma'uzzi*, sé mi fortaleza para siempre.

ELOHIM MAJASE LANU

DIOS, NUESTRO REFUGIO

Esperad en él en todo tiempo, oh pueblos;
derramad delante de él vuestro corazón; Dios
es nuestro refugio [Elohim Majase Lanu].
Salmo 62:8

Adoración

Elohim Majase Lanu, eres mi refugio. Te alabo porque eres digno de confianza. Te alabo por guardar mi corazón a salvo en ti. Te adoro porque me ofreces un lugar adonde ir cuando las tormentas de la vida me arrojan de un lado para otro. Algunas personas se jactan de las cosas que poseen y confían en sus propias manos para protegerse. Otras personas se vanaglorian de sus capacidades o de su inteligencia para estar seguras. Sin embargo, yo me glorío de tu nombre, *Elohim Majase Lanu*, porque en ti me alzaré y me mantendré firme a pesar de lo que me traiga la vida. Eres mi refugio.

Confesión

Elohim Majase Lanu, no siempre acudo a ti cuando debiera. Sobre todo cuando me siento vulnerable, recurro a cosas que creo que me pueden ayudar o a otras que me distraen, en lugar de ir adonde sé que estoy seguro: a ti. Eres mi torre fuerte, mi refugio. Perdóname por no reconocer siempre, o no aprovechar, todo lo que eres y todo lo que quieres ser en mi vida.

Acción de gracias

Elohim Majase Lanu, gracias por tu poder. Gracias por tu fortaleza. Gracias por ser un refugio para mí y para aquellos que te buscan. Gracias por cuidar de cada uno de nosotros, tus hijos, con tanta ternura. Gracias por protegernos cuando nos enfrentamos a los problemas de la vida y por atravesarlos a nuestro lado. Cuando Jesús estuvo en aquella colina contemplando la ciudad, se le llenaron los ojos de lágrimas porque su pueblo no se había vuelto a Él como su Rey y su refugio. Gracias por esta vulnerabilidad; eres un Dios grande y poderoso, pero aun así cuidas con amor de tu pueblo. Ciertamente, eres mi *Elohim Majase Lanu*.

Súplica

Elohim Majase Lanu, te ruego que montes guardia en mi vida y me apartes de las pruebas y de las tribulaciones que me ponen en una situación peligrosa. Pero tú nos has advertido que en esta vida tendremos pruebas y tribulaciones, de modo que sé que en ocasiones padeceré una gran necesidad. Te ruego, *Elohim Majase Lanu*, que hagas algo en aquellos momentos para llamar mi atención, para recordarme que te busque. Impide que tropiece a solas cuando intente consolarme y protegerme solo, y de recurrir a otro que no seas tú para ser mi refugio.

ELI MAELEKHI

DIOS, MI REY

*Vieron tus caminos, oh Dios; los caminos de mi Dios,
de mi Rey [Eli Maelekhi], en el santuario.*
SALMOS 68:24

Adoración

Eli Maelekhi, eres mi Dios, mi Rey. Te adoro porque estás sentado en tu trono poderoso. Exalto tu nombre y te alabo. Tu reino prevalece sobre todos. El propósito de tu reino consiste en ampliar tu dominio, la manifestación visible de tu gobierno general sobre todas las cosas. Estás sentado en lo alto, en lo sublime, entronizado sobre todos y todo. Tú eres Rey. Me inclino humildemente ante ti para ofrecerte mi alabanza, mi honra y mi adoración.

Confesión

Eli Maelekhi, te pido perdón por no tributarte siempre el honor que mereces como Rey. Por favor, perdóname por las muchas veces que he seguido mis propios planes en lugar de fomentar los de tu reino. Concédeme tu misericordia, *Eli Maelekhi*, por pretender reinar donde tú debes hacerlo por derecho, y por recurrir a mis propios caminos antes que a los tuyos. Perdóname por no usar tu Palabra como guía en todas las decisiones que tomo.

Acción de gracias

Eli Maelekhi, vengo ante tu presencia con acción de gracias y te exalto con alabanza. Eres el gran Rey por encima de todos los reyes, y el gran Dios por encima de todos los dioses. Entro en tus atrios con alabanza y acudo a tu presencia con un corazón de gratitud. Gracias por elegirme como heredero de tu reino, por hacerme un hijo del Rey. En virtud de mi relación contigo por medio de tu Hijo Jesucristo, tengo derecho a todas las bendiciones espirituales que tienes para mí en tu reino. Gracias por tu favor abundante.

Súplica

Eli Maelekhi, te pido que me des una mentalidad del reino. Ayúdame a fomentar en este mundo el programa de tu reino. Dame sabiduría para comprender lo que significa realmente orar "venga tu reino" y "hágase tu voluntad". Ayúdame a alejarme de las distracciones que me hacen perder un tiempo que te pertenece, mi *Eli Maelekhi*, mi Rey. Que esté plenamente equipado para servirte y servir a tu reino del modo que deseas y mereces. Muéstrame los tesoros de tu reino, y comparte conmigo la belleza de tu provisión.

HUIOS TOU THEOS

EL HIJO DE DIOS

Respondiendo Simón Pedro, dijo: Tú eres el Cristo,
el Hijo [Huios] del Dios [tou Theos] viviente.
MATEO 16:16

Adoración

Huios tou Theos, eres el Cristo, el Hijo del Dios vivo. Te adoro porque has venido a quitar los pecados del mundo. Después de que Dios Padre hablase hace tanto tiempo por medio de los profetas, eligió hablarnos por medio de ti, *Huios tou Theos,* a quien ha constituido heredero de todas las cosas. También hizo el mundo a través de ti. Eres el resplandor de la gloria de Dios y la representación exacta de su Persona en todos los sentidos. Exalto tu nombre, porque te has sentado a la diestra de la majestad en las alturas, habiendo heredado un nombre más excelente que cualquier otro.

Confesión

Huios tou Theos, confieso mis pecados ante ti y pido tu perdón. Gracias a tu muerte, sepultura y resurrección puedo recibir el perdón por todo lo que he hecho mal. Pido tu gran misericordia mientras tu sangre me limpia de toda impiedad.

Acción de gracias

Huios tou Theos, gracias por la majestad de tu nombre. Ningún otro nombre es tan grande como el tuyo. Gracias por humillarte y venir al mundo como un bebé en un pesebre. Más que eso, gracias por humillarte hasta la muerte para que yo pudiera tener comunión con tu Padre celestial. Gracias por lo sublime de tu amor y por el poder de tu nombre. En tu nombre se han expulsado demonios; en tu nombre encuentro protección, paz y poder. Te doy las gracias, *Huios tou Theos*, por tu presencia en mi vida.

Súplica

Huios tou Theos, te pido que me ayudes a honrarte con mi vida. Ayúdame a estar cerca de ti en todo lo que haga. Entiendo que, cuando permanezca en ti y en tu amor, tu voluntad y tus caminos permanecerán en mí. Todo lo que pida al Padre en tu nombre y sea conforme a tu voluntad me será dado. Por favor, capacítame para caminar cerca de ti y guardar tus palabras en mi corazón. Mi deseo es complacerte en todo lo que haga y te ruego que me guíes por el camino que has preparado para mí.

EL NEKAMOT

EL DIOS VENGADOR

El Dios que venga [El Nekamot] mis agravios,
y somete pueblos debajo de mí.
SALMOS 18:47

Adoración

El Nekamot, eres el Dios que me venga, que somete a mis enemigos bajo mis pies. Me dices en tu Palabra que tuya es la venganza y esto se debe a que eres *El Nekamot*. Sabes cómo disponer mesa delante de mí en presencia de mis adversarios. Me colocas en alto cuando otros intentan derribarme. Te alabo porque eres el Dios de justicia. Es terrible caer en manos de *El Nekamot*. Glorifico tu nombre porque has demostrado que eres todopoderoso en mi vida.

Confesión

El Nekamot, admito que cuando siento que me han ofendido, me apresuro a buscar venganza por mi cuenta. Te confieso que me gusta ver una venganza rápida, y cuando veo que no intervienes, a veces intento vengarme yo solo. Te ruego que me perdones por no guardar silencio cuando otros se me oponen. Perdóname por no dejar la venganza en tus manos. Perdóname por seguir mi propio plan en las circunstancias de la vida en las que debería poner el asunto en tus manos.

Acción de gracias

El Nekamot, gracias por ser el Dios vengador. Gracias por hacer justicia cuando yo renuncio a intervenir. Gracias por tu corazón de justicia. Gracias por tu compasión, que endereza las injusticias cuando otros no me han tratado como debieran. Cuando alguien me ha acusado injustamente o ha intentado mermar mi influencia o hacerme sufrir, tú ves, escuchas, te preocupas... estás ahí. Eres *El Nekamot*, quien me venga y, por eso, te doy mi gratitud sincera.

Súplica

El Nekamot, te pido que me des dominio propio, de manera que no busque mi propia venganza y así no logre ser testigo de tu intervención a mi favor. Ayúdame a no albergar amargura o ira indebida contra quienes han intentado perjudicarme, impidiéndote de este modo hacer lo que querías a mi favor. Por favor, *El Nekamot*, cuando me han tratado injustamente, aparta, corrige o haz que se arrepienta la persona o personas que lo han hecho.

EL NOSE

EL DIOS PERDONADOR

*Jehová Dios nuestro, tú les respondías; les fuiste un Dios
perdonador [El Nose], y retribuidor de sus obras.*

SALMOS 99:8

Adoración

El Nose, eres Dios perdonador para Israel. Aunque se enfrentaron
a las consecuencias de sus actos, no albergaste rencor ni ira contra
ellos. Les dejaste que aprendieran de sus malas decisiones, pero también que descubriesen la profundidad de tu perdón. Eres grande y
digno de alabanza, *El Nose*, porque la magnitud de tu amor cubre
mis pecados. Me amas lo bastante como para enseñarme por medio
de los resultados de mis malas decisiones, pero también estás ahí,
como *El Nose*, para amarme cuando me vuelvo a ti y te pido perdón.

Confesión

El Nose, cada día y cada hora experimento de nuevo este nombre
tuyo. Cuando me perdonas, experimento tu amor puro. Ni siquiera
puedo hacer una lista de todas las cosas que debo confesar. Algunos
de mis errores son aparentemente benignos, como cuando dudo de
tu fidelidad o tu soberanía. Otros son más graves, como cuando ha-
blo mal a otra persona a la que amas. Pero tú conoces todos mis
pecados. Te suplico misericordia y te estoy agradecido por recibirla,
El Nose.

Acción de gracias

El Nose, mi corazón rebosa de gratitud por tu capacidad de perdonar. Las palabras no logran expresar la gratitud que siento por esto,
tu mayor don. Si tuviera que ser perfecto para ganarme tu favor, tus

bendiciones, o el sustento cotidiano que me proporcionas, no duraría ni un solo día. Pero gracias a tu nombre, *El Nose*, y al carácter que refleja, puedo recibir tus dones y tus beneficios impresionantes. Gracias por la gracia y la misericordia de tu perdón en mi vida y por todo lo que me permite experimentar.

Súplica

El Nose, te pido que me ayudes a no tomarme a la ligera el don de tu perdón. Crea en mí un corazón agradecido que me motive a servirte con mi vida. Recuérdame el precio terrible que pagaste, el sacrificio de Jesucristo, para ofrecerme el perdón. No hay condenación en mí porque estoy en Cristo Jesús. Te ruego que me apropie sinceramente de esta verdad y que camine en ella. Escríbela en mi mente, en mi corazón y en mi alma, y ayúdame a estar confiado delante de ti, acercándome confiadamente al trono de tu gracia.

ELOHENU OLAM

DIOS ETERNO

Porque este Dios es Dios nuestro eternamente y para siempre
[Elohenu Olam]; él nos guiará aun más allá de la muerte.
SALMOS 48:14

Adoración

Elohenu Olam, eres mi Dios por todos los siglos. Serás mi guía
hasta el final. En ti no hay principio ni final. Nunca temo que me
abandones inesperadamente. Tampoco dejarás de existir. Ahora te
conozco y te conoceré en la eternidad, e incluso más que ahora, porque entonces te veré cara a cara. Eres digno de toda alabanza y adoración. Eres digno de recibir el máximo honor que pueda darte, mi
más profundo respeto. No estás sentado en el tiempo, sino fuera de
él, invitándome a que me una a ti en el espectáculo de las eras sin final. ¡Cuán vastos son tus pensamientos, que trascienden todo lo que
pueda comprender mente alguna! Conoces todas las cosas y en ti la
propia vida nunca tendrá fin.

Confesión

Elohenu Olam, confieso que apenas logro imaginar cómo será mi
vida dentro de cinco o de diez años. Mi capacidad no llega a entender a un Dios que existe fuera del tiempo y que nunca tendrá fin.
Perdóname por no apreciar plenamente tu poder, tu inteligencia y
tu carácter. El universo no es más que un guijarro en tu mano y, sin
embargo, yo me inquieto mucho por lo que escucho en el noticiero o
veo en el lugar de trabajo, o experimento en mis relaciones. Un Dios
que es *Elohenu Olam* no se inquieta jamás, porque lo ves todo. Sabes
cómo empezó todo y cómo acabarán todas las situaciones. Siempre

estarás ahí como el Dios eterno. Perdóname por inquietarme en lugar de confiar en tu sabiduría y en tu poder.

Acción de gracias

Elohenu Olam, gracias por la magnificencia de tu firmamento. Gracias por invitarme a conocerte, por pasar momentos conmigo y hacer que sean maravillosos... especiales... llenos de tu presencia. Dios eterno, *Elohenu Olam*, no estás limitado por el tiempo, de modo que mi corazón desborda de gratitud porque te dignas a estar conmigo en el tiempo.

Súplica

Elohenu Olam, ¿qué puedo decirle al Dios eterno? Sabes mejor que yo lo que necesito y cuándo lo necesito. Ves el final antes del principio, y conoces el camino por el que debo andar. Pido sabiduría, porque tú eres el Dios grande, sabio y eterno. Te pido la capacidad de aminorar el ritmo y centrar mis pensamientos en ti en mi vida cotidiana. Quiero pensar en ti cuando despierte cada mañana, para que empiece bien mi día. Recuérdame quién eres para que no desperdicie el tiempo que me has dado. Ayúdame a usar mi tiempo para impulsar tu reino para tu gloria, para el bien de otros y para cumplir mi destino.

ELOHIM OZER LI

DIOS, MI AYUDADOR

He aquí, Dios es el que me ayuda [Elohim Ozer Li];
el Señor está con los que sostienen mi vida.
SALMOS 54:4

Adoración

Elohim Ozer Li, eres el Dios que me ayuda y me sustenta.
Cuando tengo necesidad, tú estás ahí. Cuando estoy solo, tú estás
cerca. Cuando no conozco mi camino, me guías o vienes a mi lado
para acompañarme mientras lo encuentro. Eres digno de alabanza,
Elohim Ozer Li, porque tu fuerte brazo se extiende para ayudar a los
necesitados. Me ofreces todo lo que necesito para cumplir el propósito para el que me has puesto en este mundo. Me sustentas con la
dulzura de tu amor, la sabiduría de tu mente y la fuerza de tu brazo.
Te adoro, *Elohim Ozer Li,* con todo lo que hay en mi ser.

Confesión

Elohim Ozer Li, te ruego que me perdones por los temores que
me invaden cuando no sé cómo superar una prueba o una lucha. El
miedo surge en mí como una emoción natural, pero confieso que no
lo expulso enseguida usando la verdad de tu carácter o la verdad de tu
Palabra, como debiera hacerlo. Te ruego que tengas misericordia de
mí por no esperar tu ayuda y, en cambio, que tengas que recordarme
que estás ahí de verdad.

Acción de gracias

Elohim Ozer Li, gracias por tu bondad para conmigo y por tu
ayuda, que es de principio a fin. No haces vacaciones en mi vida. No
descansas mientras duermo, no me dejas nunca solo, sino que estás

ahí cuando te pido ayuda. E incluso cuando no te la pido, por tu gran misericordia y compasión, también me ayudas. Gracias por tu bondad y por la grandeza que me ofreces por medio de la bendición de tu ayuda y de tu poder sustentador.

Súplica

Elohim Ozer Li, te pido ayuda. Hay muchas cosas que pesan en mi vida, pero sabes cuál es el problema más acuciante al que me enfrento hoy y te pido que intervengas. Te ruego que me libres de reaccionar inadecuadamente frente a esta situación. Guárdame de recurrir a mis propios medios y a la sabiduría humana. Muéstrame tu mano como recordatorio de que estás cerca y de que eres mi ayuda sustentadora. Ayúdame hoy mismo, *Elohim Ozer Li*, porque dependo de ti en todos los sentidos.

EL ROHI

EL DIOS QUE ME VE

*Entonces [Agar] llamó el nombre de Jehová que con
ella hablaba: Tú eres Dios que ve [El Rohi]; porque
dijo: ¿No he visto también aquí al que me ve?*
GÉNESIS 16:13

Adoración

El Rohi, por medio de ese gran nombre revelas tu corazón de una
forma poderosa sin igual. Con este nombre nos recuerdas que nos ves
como individuos. Tú ves y, por consiguiente, sabes. Cuando viste a
Abraham en lo alto del monte y comprobaste su confianza en ti, pro-
porcionaste un carnero como *Jehová-jireh*. De igual manera, como
El Rohi, ves dónde me encuentro y respondes. Como me ves, sé que
soy totalmente conocido. Que tú me conozcas, que no me olvides, es
una de mis mayores necesidades, de modo que este nombre me con-
suela mucho. Te alabo porque no eres un Dios distante que se sienta
a lo lejos, separado de aquellos a los que creaste. En lugar de eso, me
ves, estás conmigo y te preocupas por mí.

Confesión

El Rohi, cuando me siento solo y olvidado, te ruego que me perdones por descuidarme en reconocer tu nombre. Perdóname por
murmurar cuando no veo a aquel que me ve. Ayúdame a recordar
que estás ahí. Sí, tú eres el Dios que me ve en cualquier situación a la
que me enfrente. Perdóname por no ver al Dios que me ve.

Acción de gracias

El Rohi, cuando Agar estaba sola y asustada en el desierto, te diste
a conocer a ella como el Dios que ve. Gracias por revelarte también a

mí como el Dios que me ve. Da igual la prueba a la que me enfrente, porque tú la ves. Cualquier problema de salud que me sobrevenga, tú lo ves. Gracias por estar atento a mi persona y por tu disposición a revelarte como el Dios que ve.

Súplica

El Rohi, tú *ves*. Te pido que actúes a mi favor cuando veas que me tratan injustamente. Te ruego que me defiendas y me justifiques cuando veas que me acusan sin razón. Cuando otros trabajan menos y obtienen mayores recompensas, te pido que veas la diligencia y la tenacidad de mi corazón, y abras puertas para mí que solo tú puedes abrir, porque ves. No me ves como lo hace la humanidad. No juzgas solamente por las apariencias externas o en función de lo que valora el mundo. Ves mi corazón, y ruego ahora lo mismo que pidió Nehemías hace tanto tiempo: "Acuérdate de mí para bien, Dios mío" (Neh. 5:19).

EL SALI

DIOS, MI ROCA

Viva Jehová, y bendita sea mi roca [El Sali],
y engrandecido sea el Dios de mi salvación.
2 SAMUEL 22:47

Adoración

El Sali, bendigo tu nombre. Reinas sobre todo. Eres fuerte y te ciernes poderoso como una montaña de roca que surge de la superficie de la tierra. Cuando llegan las tormentas, no te conmueven ni te afectan. En la fortaleza de quien eres encuentro un cimiento sólido sobre el que levantar mi vida. Me proporcionas salvación y estabilidad en mis tiempos.

Confesión

El Sali, una y otra vez empiezo mis días con las mejores intenciones, preparado para confiar en ti porque tus nombres me recuerdan tu gran poder. Sin embargo, cuando soplan los vientos y las olas golpean la orilla, me olvido de recurrir a ti, mi *El Sali*. Olvido que eres fuerte y que, lo que me conmociona, a ti no te perturba. Perdóname por todas y cada una de las veces que no he buscado refugio en ti, *El Sali*.

Acción de gracias

El Sali, mereces mi gratitud. Te mantienes firme cuando todo a mi alrededor se viene abajo. Gracias por tu poder y por tu fuerza. Gracias por ser mi roca, el Dios de mi salvación. Gracias por Jesucristo y por su sacrificio por los pecados. Gracias no solo por salvarme para toda la eternidad, sino por ofrecerme la salvación mientras estoy en este mundo. Acepta mis humildes palabras y corazón suplicante mientras me inclino delante de ti para darte las gracias por todo lo que has hecho por mí.

Súplica

El Sali, siendo como eres mi roca y mi salvación, sé mi estabilidad cuando las cosas carecen de seguridad. Susúrrame en aquellos momentos en los que ya no te veo a mi lado. Cuando nuestra economía nacional se conmociona y tantas de las cosas que me rodean parecen removerse sobre sus cimientos, ayúdame a centrarme en tu reino sin fin y en tu trono eterno. Son inconmovibles porque eres *El Sali*, mi roca sólida.

EL-SHADDAI

EL DIOS TODOPODEROSO

Era Abram de edad de noventa y nueve años, cuando le apareció
Jehová y le dijo: Yo soy el Dios Todopoderoso [El-shaddai];
anda delante de mí y sé perfecto. Y pondré mi pacto entre
mí y ti, y te multiplicaré en gran manera.
GÉNESIS 17:1-2

Adoración

El-shaddai, eres grande y todopoderoso. Tu entendimiento y tu sabiduría no tienen límite. Tu poder no conoce fronteras. Como los cielos están más altos que la tierra, tus caminos son más elevados que los míos. Me rodeas con las bendiciones de tu provisión gracias al pacto que estableciste conmigo por medio de tu Hijo Jesucristo. Las nubes en los cielos, y las obras maravillosas del mundo no son nada comparados contigo, que estás sentado en el trono, con poder y valor.

Confesión

El-shaddai, mira mi vida con tu corazón de amor y sé testigo de las numerosas luchas a las que me enfrento. Ten compasión, porque ves que intento seguirte y, a menudo, no logro hacerlo bien. Perdóname cuando te soy infiel, porque me has pedido que camine delante de ti con fidelidad. Perdóname cuando tengo culpa de algo, porque me has pedido que sea perfecto. Que la sangre de Cristo me cubra mediante su pacto cuando busco tu bendición, *El-shaddai*.

Acción de gracias

El-shaddai, gracias por las promesas que diste a Abraham. Gracias por tener comunión con él y establecer el pacto abrahámico, por medio del cual has bendecido de verdad a todas las naciones del mundo. Gracias por tu amor fiel, que prometiste a Abraham en aquel día y también me has prometido por medio de tu Hijo amado Jesucristo.

Súplica

El-shaddai, muéstrame cómo honrarte con mi fe, como lo hizo Abraham a lo largo de su vida. Quiero ser una persona de gran fe y experimentarte como *El-shaddai* en mi vida. En ocasiones, Abraham no manifestó la fe que mostró en sus últimos años y, al hacerlo, retrasó tu pacto con él. Ayúdame a no causar demoras en mi destino, sino que camine con fe, empezando hoy mismo. Fortalece los músculos de mi corazón y de mi alma, de modo que esté dispuesto a arriesgarlo todo por ti. Ayúdame a demostrar mi dedicación y mi compromiso contigo, mi Rey, y con tu reino y tu plan para el mundo.

ELOHIM SHOFTIM BA-ARETS

EL DIOS QUE JUZGA LA TIERRA

Entonces dirá el hombre: Ciertamente hay
galardón para el justo; ciertamente hay Dios que
juzga en la tierra [Elohim Shoftim Ba-arets].
SALMOS 58:11

Adoración

Elohim Shoftim Ba-arets, cuando se hace justicia, los rectos se alegran. Quienes han procurado obedecerte se llenan de gozo. Tu justicia es como la lluvia en primavera, que aporta bendición y vida a todo lo que toca. Que la justicia mane como las aguas, como un arroyo rebosante. Sin embargo, mientras tu justicia hace felices a los justos, el terror se adueña de los malvados. Terrible cosa es caer en manos del Dios vivo. No obstante, esperas mostrar tu gracia a los justos y te exaltas para manifestar misericordia. Eres un Dios de justicia que juzga al mundo, y benditos aquellos que esperan en ti.

Confesión

Elohim Shoftim Ba-arets, juzgas a justos y a injustos. Amas la justicia y has prometido no abandonar a tus santos. Confieso que no siempre estoy en la categoría de los justos, porque a menudo he hecho cosas que son ofensivas para ti, cosas de las que no me enorgullezco. Ten misericordia de mí mientras espero, con paciencia y expectación, tu misericordia.

Acción de gracias

Elohim Shoftim Ba-arets, gracias por usar balanzas justas y por recompensar a quienes te buscan con diligencia. Cuando contemplo el caos y los tumultos que hay en el mundo (ataques terroristas, actos de violencia cotidianos, todo tipo de problemas), sé que tú estás sentado como el Dios que juzga la tierra. Llegará un momento en que quienes hacen el mal en la vida de los inocentes tendrán que dar cuentas de sus actos, y te agradezco que tengas el control de todas las cosas.

Súplica

Elohim Shoftim Ba-arets, ¡pasan tantas cosas en nuestra sociedad actual, buenas y malas! Te pido que tu bendición descienda como lluvia sobre ese inmenso número de personas que intentan aportar sanidad a los que sufren en este mundo. Recompensa su justicia con tu favor. Te pido también que intervengas contra el mal en la tierra, que intenta provocar trastorno y discordia. Como hiciste en batallas y guerras del pasado, confunde al enemigo de la paz y de la bondad en todos los frentes, y fortalece a quienes defienden la vida y la libertad.

EL SIMJAT GUILI

DIOS, MI GOZO DESBORDANTE

Entraré al altar de Dios, al Dios de mi alegría y de mi gozo
[El Simjat Guili]; y te alabaré con arpa, oh Dios, Dios mío.
SALMOS 43:4

Adoración

El Simjat Guili, tuyos son la grandeza, el poder, la gloria, la victoria y la majestad. Todo lo que hay en el cielo y en la tierra te pertenece. Debido a esto y a mucho más, eres mi gozo insuperable. Eres mi deleite y vengo ante tu presencia en oración para exaltar tu nombre para siempre. Alabo tu nombre glorioso, porque en tus manos se encuentran el poder y la fuerza, y por tu palabra tú engrandeces o humillas. No hay nadie por encima de ti, y nadie más digno de toda mi alabanza.

Confesión

El Simjat Guili, todas las cosas proceden de ti y tú las creaste. Incluso mi gozo y mi deleite proceden de tu mano bendita. Perdóname por buscar la alegría en otras fuentes y no en tu persona. Perdóname por recurrir a cosas ajenas a ti para buscar lo que solo puede hallarse en ti. Eres la fuente de mi alegría.

Acción de gracias

El Simjat Guili, gracias por tu belleza y por la alegría que invertiste en hacer tu creación. Me has puesto en medio de un mundo espectacular y maravilloso. Me asombras con tus criaturas y con tu imaginación. La profundidad de tu conocimiento es infinita, y por eso me gozo en aprender y descubrir cosas nuevas. Gracias por los placeres que tengo la dicha de experimentar, como resultado de conocerte y amarte.

Súplica

El Simjat Guili, muéstrame tus maravillas. Deléitame con lo que te deleita. Cuando contemplo las cosas que alegran tu corazón, el mío también se regocija. Dame el placer de conocerte íntimamente, porque en ti encuentro mi gozo y mi alegría. Ayúdame también a llevar gozo a otras personas con quienes entre en contacto. Dame un espíritu dulce que irradie tu amor y tu placer a quienes me rodean. Ayúdame a decir a otros palabras de amor y de ánimo, y a pensar siempre en las cosas que son puras.

ELOHIM TSABAOTH

DIOS DE LOS EJÉRCITOS

Oh Dios de los ejércitos [Elohim Tsabaoth], restáuranos;
haz resplandecer tu rostro, y seremos salvos.

SALMOS 80:7

Adoración

Elohim Tsabaoth, eres el gran Dios de los ejércitos, el comandante de huestes. ¿Quién es un rey como tú, lleno de gloria y de poder, cuya voz ordena a los que están en la batalla para beneficio de tus hijos? Eres un rey fuerte y poderoso, feroz en la batalla. Levantad vuestras cabezas, puertas eternas, alzadlas y ved que el Rey de gloria está aquí. El Dios de los ejércitos es este Rey: es el comandante supremo y digno de mi máxima alabanza.

Confesión

Elohim Tsabaoth, eres grande y poderoso. Los reyes te ven y se postran. Los ejércitos tiemblan en tu presencia y responden a tu voz. Sin embargo, a veces no te tengo en cuenta, como si no estuvieras presente. Me ocupo de mis asuntos sin pensar o sin querer pensar cómo influyen mis pensamientos o mis actos en ti y en tu reino. Perdóname por no honrarte y respetarte, porque eres digno de toda alabanza.

Acción de gracias

Elohim Tsabaoth, gracias por comprar mi salvación. Cuando haces resplandecer sobre mí tu rostro, experimento todo lo que necesito para obtener toda victoria. Gracias a ti y a lo que has conseguido por mí en el Calvario, no lucho por la victoria, sino *desde* la victoria. El Dios de los ejércitos ya ha ganado la batalla por mí, derrotando a

Satanás y desarmándole, poniéndole en ridículo cuando Cristo resucitó de los muertos. Gracias por ser el comandante fuerte y poderoso de los ejércitos de ángeles.

Súplica

Elohim Tsabaoth, ¿librarás mis batallas por mí? Cuando luche por superar un problema emocional, ¿me darás la victoria? O cuando alguien me trate injustamente, ¿intervendrás? Contigo de mi lado, siempre saldré victorioso. Cuando te reconozco como *Elohim Tsabaoth*, no tengo nada que temer. David derrotó a Goliat con una sola piedra; no hace falta gran cosa para obtener la victoria cuando tú das las órdenes. Dame la fe y la capacidad de David para ser un guerrero valiente bajo tu mando, y para derrotar los intentos del enemigo de apartarme de tus propósitos.

ELOHÉ TISHUATHI

DIOS DE MI SALVACIÓN

Líbrame de homicidios, oh Dios, Dios de mi salvación
[Elohé Tishuathi]; cantará mi lengua tu justicia.
SALMOS 51:14

Adoración

Elohé Tishuathi, líbrame de la culpa en mi vida, pues tú eres Dios, mi Salvador. Te adoro y te alabo por tu mano poderosa y por tu disposición a perdonar mis pecados. Me has revestido de tu justicia por medio de la muerte, la sepultura y la resurrección de tu Hijo Jesucristo, y por su sacrificio por mí en la cruz. Me atribuyes su justicia por medio de tu salvación. Te honro y te exalto, porque sin duda que me has liberado de todos mis enemigos.

Confesión

Elohé Tishuathi, vengo a tu presencia con la cabeza inclinada y el corazón atribulado por los pecados que he cometido contra ti. Son muchos y tú los conoces todos. Incluso conoces aquellos que yo ignoro. Te confieso que a veces mi corazón se endurece, a veces es infiel, a menudo te cuestiona. Confieso una falta de amor, de amor puro, hacia aquellos que se me oponen, me irritan o no me muestran su favor. Confieso que me he apartado de muchos que tenían necesidad, incluso aunque tú me has bendecido para que pudiera ser de bendición a otros. El egoísmo vive en mí, y te pido perdón por él y por todos mis pecados.

Acción de gracias

Elohé Tishuathi, gracias por tu don más grande, que es la salvación. Gracias por ofrecerme tu perdón una y otra vez, por mostrarme cómo vivir con gracia y con misericordia. Tienes todo el derecho a juzgarme, castigarme y no usarme para extender tu reino y, sin embargo, no dejas jamás de buscar una relación conmigo de muchas maneras. Deseas mi adoración y, a pesar de ello, solo puedo adorarte porque me has dado la salvación. ¡Has hecho tanto por mí! Mi corazón desborda de gratitud y humildad ante tu presencia.

Súplica

Elohé Tishuathi, no me tomo a la ligera el sacrificio que hiciste para mi salvación de tal manera que pudieras justificarme por medio de Jesucristo. Ayúdame a entender la grandeza de la salvación, de modo que viva cada día en constante gratitud, motivado a servirte más y más. Ayuda a otros a conocerte como Señor y Salvador. Abre sus corazones y sus mentes para recibirte como *Elohé Tishuathi*. Envía a este mundo a personas que hablen de tu gran amor y testifiquen del poder salvador de tu Hijo Jesucristo. Date a conocer a otras personas mediante sermones, enseñanzas, libros e incluso sueños, para que también ellas sean salvas.

ELOHÉ TSADEKI

DIOS DE MI JUSTICIA

Respóndeme cuando clamo, oh Dios de mi justicia
[Elohé Tsadeki]. Cuando estaba en angustia, tú me hiciste
ensanchar; ten misericordia de mí, y oye mi oración.
SALMO 4:1

Adoración

Elohé Tsadeki, eres mi Dios justo. De ti fluyen la misericordia, la gracia, el poder y la fortaleza. En ti existe todo lo que necesito para vivir en gozo abundante. Tu justicia produce la belleza que vemos los unos en los otros: los actos de cariño, los momentos de intimidad y de puro amor. Nada de esto es posible aparte de ti, porque la bondad y la justicia nacen de la esencia de quien eres tú. No conocería el amor de no ser por ti, de modo que te alabo y te honro por ser quien eres realmente.

Confesión

Elohé Tsadeki, confieso mi injusticia delante de ti y admito la culpa de mi pecado. Perdóname cuando haya ofendido a otros. Ten misericordia de mí en aquellas ocasiones en las que no te he proclamado como Rey, Señor y Salvador. Cuando he puesto mis propios deseos por encima de los tuyos, concédeme compasión y guía para mostrarme el mejor camino. Perdona el dolor que he causado a otros, y ayúdales a perdonarme a mí también. Ayúdame a arreglar mis relaciones rotas. Haz de mí un canal de tu justicia, tu gracia y tu paz.

Acción de gracias

Elohé Tsadeki, gracias por la belleza de tu justicia. Gracias por el poder de tu justicia. Gracias por la misericordia que siempre acompaña a tu justicia. Agradezco tu justicia, que me lleva por el camino que debo seguir. Cuando paso por valles y pruebas, tu justicia me guía. Nuestra nación se tambalea debido a la codicia, la irresponsabilidad y otros pecados, y necesitamos en nuestros corazones que tu justicia nos restaure. Gracias por darnos acceso a tu justicia y a tu sabiduría por medio de tu Espíritu y de tu Palabra.

Súplica

Elohé Tsadeki, hoy te ruego especialmente por nuestras comunidades y nuestro país. Tenemos una gran necesidad de conocer de nuevo este nombre tuyo. Tu justicia nos otorgó en el pasado la fortaleza y el poder de los que disfrutamos. Como tú eres *Elohé Tsadeki*, hemos disfrutado los beneficios de seguirte. Sin embargo, ahora nuestras comunidades y nuestra nación te han abandonado. Hemos quitado tu nombre de muchos lugares. Derrama tu justicia en los corazones de nuestros líderes y de los ciudadanos, de modo que podamos levantarnos una vez más y reclamar la grandeza que solo tú nos permitiste disfrutar. Alívianos de la violencia, la pobreza y los problemas a los que nos enfrentamos en nuestra tierra.

ELOHÉ YAKOB

EL DIOS DE JACOB

*Jehová te oiga en el día de conflicto; el nombre del
Dios de Jacob [Elohé Yakob] te defienda.*

SALMOS 20:1

Adoración

Elohé Yakob, eres el Dios grande y poderoso. Sin embargo, también eres un Dios personal que se identifica con simples seres humanos, como Jacob. Te alabo porque eres formidable, y porque respondes a mis oraciones y a las de todos los que te buscan. En los primeros siglos de la historia, te vinculaste con el pueblo israelita como su Dios, el *Elohé Yakob*. Sin embargo, por medio de Jesucristo eres mi Dios y, a menudo, has bendecido la tierra en la que vivo gracias a tu bondad. Te honro por honrar a quienes te buscan y te sirven.

Confesión

Elohé Yakob, perdóname por no reconocer el vínculo personal que tienes con mi propia vida. Igual que eres el Dios de Jacob también eres mi Dios. Por medio de Cristo me he reconciliado contigo y he recibido toda bendición espiritual en los lugares celestiales. Incluso me reservas un nombre nuevo para el día en que entre en tu presencia en la eternidad. Perdóname por estar demasiado atado a las cosas que veo, huelo y toco antes que a ti, el gran Dios de Jacob y mi gran Dios.

Acción de gracias

Elohé Yakob, gracias por escucharme en medio de mi angustia y por librarme una y otra vez. Tu nombre es un nombre de protección. Gracias por demostrar esa protección a lo largo de la historia. Escondiste a los espías en Jericó llevándolos hasta una mujer llamada

Rahab. Abriste el camino a los israelitas a la tierra prometida conteniendo las aguas del Jordán, cuando estaban tan altas que no permitían el paso. Tu nombre es un nombre de protección y provisión, y te doy las gracias por revelarme esta verdad de tantas maneras.

Súplica

Elohé Yakob, te pido que me concedas el nombre personal que diste a Jacob. Llamaste y elegiste a Jacob para que fuera tu siervo. Pero, por medio de Jesucristo, también me has llamado y elegido para comprender el programa de tu reino y para extender tu gloria en este mundo. Líbrame de mis angustias. Muéstrame los caminos por los que puedo cruzar las aguas que son demasiado hondas para atravesarlas por mi cuenta. Ocúltame en la palma de tu mano. Concédeme tu favor vaya donde vaya, de modo que pueda caminar plenamente en las promesas y en las bendiciones que me has reservado.

ELOHÉ MAROM

DIOS DE LAS ALTURAS

*¿Con qué me presentaré ante Jehová, y adoraré
al Dios Altísimo [Elohé Marom]? ¿Me presentaré
ante él con holocaustos, con becerros de un año?*
MIQUEAS 6:6

Adoración

Elohé Marom, estás sentado en lo alto, exaltado, en tu trono. Eres el Rey que reina sobre todo. Los serafines vuelan a tu alrededor y cada uno tiene seis alas. Con dos alas se cubren el rostro, con dos los pies y con dos vuelan, gritándose unos a otros: "¡Santo, santo, santo es el Dios Altísimo!", mientras los fundamentos del templo se estremecen frente a tu sola presencia. Mereces ser honrado, amado y adorado en todo momento.

Confesión

Elohé Marom, toca mis labios con un carbón encendido, como el ángel tocó los de Isaías cuando estuvo en tu presencia. Porque yo también soy una persona de labios impuros, y vivo entre personas de labios impuros, y mis ojos han visto al Rey, *Elohé Marom*. Me inclino humildemente ante ti y te pido tu poder purificador en mi vida. Confieso que no he reconocido tu gloria como mereces, ni he admitido tu grandeza en la expansión de tu creación. Para ti los océanos no son más que una gota de agua. Las galaxias son como mosquitos en el espacio. La cumbre más elevada del mundo no es más que un estrado para tus pies, porque eres el Dios de las alturas, *Elohé Marom*.

Acción de gracias

Elohé Marom, gracias por la vastedad de tu ser. Gracias por permitirme experimentar la amplitud de tu creación como lo has hecho. Mi propio cuerpo es una obra majestuosa de artesanía intrincada y de ciencia, entretejido por el Maestro Creador. Gracias por mantener todas las cosas unidas. *Elohé Marom*, elevo mi espíritu agradecido por todo lo que has hecho y por todo lo que eres.

Súplica

Elohé Marom, muéstrame tu grandeza. Hazme entrar en tus atrios con alabanza, con humildad y temor reverente. Envíame, como lo hiciste con Isaías cuando te vio en lo alto, exaltado, sentado en tu trono, para hacer tu voluntad cuando lo desees, para proclamar tu reino en el mundo. Los reyes de la tierra no son nada comparados contigo. Los problemas a los que nos enfrentamos en nuestros hogares, iglesias y comunidades, y los retos que vemos en nuestra nación y en el mundo, los puede resolver fácilmente un Dios alto y exaltado. Danos sabiduría a mí y a otros, de modo que podamos vivir conforme a tu voluntad.

ELOHÉ HAELOHIM

EL DIOS DE DIOSES

Porque Jehová vuestro Dios es Dios de dioses [Elohé Haelohim]
y Señor de señores, Dios grande, poderoso y temible, que
no hace acepción de personas, ni toma cohecho.
DEUTERONOMIO 10:17

Adoración

Elohé Haelohim, eres Dios de dioses y Señor de señores. Eres el Dios grande, poderoso y omnisciente. Nadie puede obligarte a nada. No te influyen ni grupos determinados ni la presión de las personas. Gobiernas conforme a la justicia y la verdad. No muestras parcialidad, sino que has abierto un camino para que todos puedan relacionarse contigo por medio del sacrificio de tu Hijo Jesucristo. Te alabo y ensalzo tu nombre, *Elohé Haelohim*, Dios de dioses, Señor de señores y Rey de reyes.

Confesión

Elohé Haelohim, ¡benditos son en gran manera quienes confían en ti! Enderezas sus caminos y les guías por un sendero eterno. Estás más cercano que un hermano y eres más fiel que un cónyuge. También estás más alto que cualquier otro: eres Dios de dioses. Perdóname por recurrir a los ídolos, aquellas cosas a las que acudo en lugar de ir a ti cuando tengo necesidad o paso por una prueba. Perdóname por convertir en un ídolo mi trabajo, mi posición social o incluso mis relaciones. Ten misericordia de mí, *Elohé Haelohim*, y acércame a ti.

Acción de gracias

Elohé Haelohim, acepta mi gratitud por todo lo que eres y todo lo que haces. Gracias por este día, por despertarme esta mañana y por darme otro momento de vida. Gracias por rodearme de otras personas, algunas para pulirme, otras para consolarme, y otras para reflejar tu cercanía a nosotros, tu creación. Gracias por la majestad del trabajo de tus manos, por llenar el paisaje de hermosas obras de arte. *Elohé Haelohim*, te debo toda mi gratitud porque, en definitiva, todo aquello que disfruto y todo lo que me ayuda a crecer proviene de ti.

Súplica

Elohé Haelohim, reina y gobierna sobre las circunstancias difíciles de mi vida que intentan derrotarme. Eres más fuerte que ellas, más alto que nada y más sabio que todos; eres *Elohé Haelohim*, y para ti nada es imposible. Mis problemas y mis pruebas no son nada para ti. Puedes resolverlas solo con un pensamiento o una inclinación de tu ánimo. Te ruego que me permitas verte representado de forma suprema en mi vida cotidiana. Pon tus pensamientos en mi mente, de forma que tu reino se extienda por este mundo.

EHYEH ASHER EHYEH

EL DIOS ETERNO Y SUFICIENTE

Y respondió Dios a Moisés: YO SOY EL QUE SOY
[Ehyeh Asher Ehyeh]. Y dijo: Así dirás a los hijos
de Israel: YO SOY me envió a vosotros.
ÉXODO 3:14

Adoración

Ehyeh Asher Ehyeh, ¡hay tanto poder en tu nombre! Hay paz en el conocimiento de tu nombre. Eres autosuficiente en tu nombre. Por tu nombre controlas el camino de las naciones. Llevaste a los israelitas a la libertad asegurándoles que eres autosuficiente. ¿Cómo puedo exaltar tu nombre en adoración cuando ya está tan alto? Mis intentos de alabarte son débiles, porque mereces la alabanza de toda la creación y por toda la eternidad. Sin embargo, aceptas mi alabanza y la deseas, y te sientas entronizado en medio de ella, oh *Ehyeh Asher Ehyeh*.

Confesión

Ehyeh Asher Ehyeh, tienes el mundo en tus manos. No existes en el tiempo, sino antes del tiempo y después de que acabe. Te confieso la finitud de mi mente. Confieso mi insuficiencia a la luz de tu suficiencia insuperable. Perdona la impaciencia que siento cuando algo va mal en el trabajo, o en casa, o en una relación. Perdona mi amargura, mi resentimiento y mis dudas de que eres bueno, grande, poderoso, imparcial y justo.

Acción de gracias

Ehyeh Asher Ehyeh, gracias por mostrarme el mismo amor que mostraste a Moisés en la zarza ardiente. Gracias porque tu amor está conmigo no solo en mis crisis, sino también en mis días apacibles. Gracias por elegirme como amigo a pesar de que eres mucho más grande que cualquier cosa que haya existido o pueda existir jamás. Tu suficiencia me da plenitud. Gracias por conocerme íntimamente y por darme un corazón para conocerte y orar a ti.

Súplica

Ehyeh Asher Ehyeh, ¿qué puedo pedir a un Dios que es el gran YO SOY? Ni siquiera logro entenderte; estás más allá de mi capacidad de pensar o de comprender. Si pido conforme a mis propios pensamientos, sin duda limitaré todo lo que puedes y deseas hacer en mí y por medio de mí. Lo que deseo es tu voluntad, aunque por mí mismo soy incapaz de discernirla. Pero confío en ti, de modo que ruego que tu Espíritu, por tu gracia, obre en mi vida las cosas que quieres que consiga y experimente. Capacítame para cooperar contigo mientras sigues manifestando tu reino en este mundo.

JEHOVÁ ADON KOL HA-ARETS

EL SEÑOR, EL SEÑOR DE TODA LA TIERRA

Y cuando las plantas de los pies de los sacerdotes que llevan el arca de Jehová, Señor de toda la tierra [Jehová Adon Kol Ha-arets], se asienten en las aguas del Jordán, las aguas del Jordán se dividirán; porque las aguas que vienen de arriba se detendrán en un montón.

JOSUÉ 3:13

Adoración

Jehová Adon Kol Ha-arets, cuando los israelitas estaban a punto de entrar en la tierra prometida, un río les cerró el paso. Te habían visto dividir el Mar Rojo, pero ahora era el momento de verte de una nueva manera. Les dijiste que les habías entregado la tierra y, que si hacían lo que les mandabas, expulsarías a sus enemigos. De modo que enviaste a sus sacerdotes al Jordán y, en cuanto sus pies tocaron el borde del agua, detuviste el flujo de las aguas y secaste el lecho fluvial, de modo que el pueblo pudiese cruzar, dándote honor y alabanza durante todo el camino. Eres un Dios grande y maravilloso que sigue haciendo obras poderosas en beneficio de tu pueblo.

Confesión

Jehová Adon Kol Ha-arets, a veces puede ser difícil entender cómo abrirás camino cuando no parece haberlo. Ojalá pudiera saber lo que pensaron los israelitas cuando estaban en la orilla del Jordán después de escuchar tus instrucciones: entrar en la tierra prometida. ¿Dudaron de ti, como hago a veces? ¿Te dieron las gracias de inmediato, o esperaron a hacerlo hasta que vieron como el agua se detenía? Confieso, *Jehová Adon Kol Ha-arets*, que a menudo olvido que tienes el control sobre el mundo que creaste. Para ti los elementos no son nada; después de todo, los hiciste. No estás limitado por las leyes científicas. La tierra es tu terreno de juego y está sometida a tu mandato.

Acción de gracias

Jehová Adon Kol Ha-arets, gracias por tu creación y por tu capacidad creativa. Es reconfortante saber que para ti nada es demasiado grande ni escapa a tu control. Ya pueden soplar los vientos, y las tormentas sacudir el terreno porque a ti nada te estremece. Nada te sorprende. Gracias por tu capacidad para someter la creación a tus designios. En ti encuentro mi paz.

Súplica

Jehová Adon Kol Ha-arets, te pido una gracia especial para que mantenga mi vista fija en Jesucristo, no en las olas que me rodean, ni en las aguas sobre las que me pides que camine. Incluso si las aguas estuvieran tranquilas, mi mente seguiría dudando de que pudiera caminar sobre ellas. Te pido que yo no me hunda igual que Pedro se hundió cuando bajó la vista: que mis ojos siempre estén fijos en ti. Y al igual que los israelitas te vieron detener la corriente de agua, te ruego que me ayudes a hacer todo lo que me pidas, de manera que pueda ser testigo de tus intervenciones milagrosas en mi vida.

JEHOVÁ JEREB

EL SEÑOR, LA ESPADA

Bienaventurado tú, oh Israel. ¿Quién como tú, pueblo salvo por Jehová, escudo de tu socorro, y espada [Jereb] de tu triunfo? Así que tus enemigos serán humillados, y tú hollarás sobre sus alturas.
DEUTERONOMIO 33:29

Adoración

Jehová Jereb, te doy todo mi ser porque en ti encuentro mi todo. Eres mi escudo, mi ayudador, mi espada gloriosa. Quienes se levantan contra mí no pueden permanecer en tu presencia. Solo confiar en ti me aporta la liberación que necesito. Adaptar mi vida a tus mandamientos me proporciona tu protección mediante pacto. Caminas por las alturas de todas las cosas; nada es demasiado grande para que lo superes. Mis pruebas y problemas no son nada en tus manos: los apartas sin esfuerzo.

Confesión

Jehová Jereb, dame a conocer tu presencia poderosa para que clame a ti y no me apoye en mi propio entendimiento cuando me enfrente a una nueva batalla. Con demasiada frecuencia quiero luchar con mis propias fuerzas. Intento vencer a un enemigo más fuerte que yo. Tú eres mi espada gloriosa y solo en ti encuentro la victoria. Perdona mi iniquidad por cargar con las cadenas que ya me has quitado, por verme atado por aquello de lo que ya me liberaste.

Acción de gracias

Jehová Jereb, gracias por tu sagrado poder. Gracias por tu espada poderosa. Gracias por darme la victoria sobre todo aquello a lo que me enfrento. Ninguna batalla es demasiado difícil para ti. No hay ninguna adicción que no puedas deshacer. No hay pecado tan grande que no puedas perdonar. Grande es tu fidelidad, grande es tu poder. Gracias por la fidelidad que manifiestas cuando luchas contra aquellos que pretenden hundir a tu pueblo. Eres la espada grande y poderosa, aquel que está por encima de todo.

Súplica

Jehová Jereh, permíteme hallar la tranquilidad que se desprende de confiar en este nombre. Me guardas las espaldas y, si confío en ti, nada puede vencerme. Por consiguiente, me deleitaré en la libertad y descansaré en ti. Quiero entrar en el reposo que prometes a quienes te buscan. Si conozco tus nombres y si vivo en la verdad permanente de quién eres, en lugar de resolver mis problemas por mi cuenta y arreglar mis errores, prevaleceré. Hoy clamo a ti para que hagas que tus nombres estén vivos en mi pensamiento, que me ayudes a recordarlos en el momento justo, de modo que viva en el poder de tus grandes nombres.

JEHOVÁ TSABAOTH

JEHOVÁ DE LOS EJÉRCITOS

Entonces dijo David al filisteo: Tú vienes a mí con
espada y lanza y jabalina; mas yo vengo a ti en el nombre
de Jehová de los ejércitos [Jehová Tsabaoth], el Dios de los
escuadrones de Israel, a quien tú has provocado.
1 SAMUEL 17:45

Adoración

Jehová Tsabaoth, solo tu nombre pudo dar a David la confianza suficiente para acercarse a un guerrero adiestrado que era casi el doble de alto que él. Gracias al poder de tu nombre, David no vaciló en acercarse a su enemigo y derrotarlo. Te doy honor y alabanza y plena adoración, porque eres digno de toda gloria. Tienes el poder para derrotar a los adversarios más grandes, porque eres *Jehová Tsabaoth*, el Dios de los ejércitos, el Dios de las huestes de Israel.

Confesión

Jehová Tsabaoth, el rey Saúl intentó sobrecargar a David con muchos kilos de armadura, porque se fijó en el volumen del enemigo y vio la muerte en sus ojos. Los soldados israelitas estaban muy asustados, se negaron a salir y enfrentarse a él ellos mismos. Es fácil criticarlos por no tener el coraje del joven David, pero admito que en ocasiones me asusta la oposición que parece proyectar su gran sombra sobre mí. Perdona mi cobardía frente al peligro, *Jehová Tsabaoth*, porque es una afrenta para tu poder y para tu soberanía.

Acción de gracias

Jehová Tsabaoth, mis enemigos acuden a mí espada en mano, con lanza y jabalina, pero te doy las gracias porque tú eres más grande.

Pueden atacarme por todos lados, pero te doy las gracias porque me rodeas y estás por encima de todo. Gracias por el poder de tu nombre, que me da el coraje y la confianza suficientes para resistir frente a aquello que, normalmente, me daría miedo. Gracias a ti puedo proclamar osadamente, como hizo David, que vengo en nombre de Jehová de los ejércitos.

Súplica

Jehová Tsabaoth, ve delante de mí cuando acuda a la batalla. De igual manera que enseñaste a David a confiar en ti cuando mató al oso y al león, ayúdame a entender dónde y cuándo me preparas para las batallas a las que me enfrentaré un día. Cuando llegue a ellas, recuérdame que ya he vencido en otras situaciones y que ahora estarás conmigo como lo estuviste entonces. Dame el coraje de David para rechazar la armadura que intenten ponerme otros y ayúdame a vestir la armadura de tu nombre. Con ese poder puedo superarlo todo.

JEHOVÁ GUIBOR MILJAMA

EL SEÑOR PODEROSO EN BATALLA

¿Quién es este Rey de gloria? Jehová el fuerte y valiente,
Jehová el poderoso en batalla [Jehová Guibor Miljama].
SALMO 24:8

Adoración

Jehová Guibor Miljama, hoy me uno a Moisés, quien te alabó y adoró como el Señor poderoso en batalla.

Jehová es mi fortaleza y mi cántico, y ha sido mi salvación. Este es mi Dios, y lo alabaré; Dios de mi padre, y lo enalteceré. Jehová es varón de guerra; Jehová es su nombre. Echó en el mar los carros de Faraón y su ejército; y sus capitanes escogidos fueron hundidos en el Mar Rojo. Los abismos los cubrieron; descendieron a las profundidades como piedra. Tu diestra, oh Jehová, ha sido magnificada en poder; tu diestra, oh Jehová, ha quebrantado al enemigo. Y con la grandeza de tu poder has derribado a los que se levantaron contra ti. Enviaste tu ira; los consumió como a hojarasca (Éx. 15:2-7).

Confesión

Jehová Guibor Miljama, perdóname por tomar mis batallas en mis propias manos y usar mi propio intelecto, intentando planificar mi camino hacia la victoria en lugar de confiar en ti, el guerrero grande, poderoso, invencible. Perdona mis intentos de arreglar mis errores; a menudo, cuando procuro hacerlo por mi cuenta, lo único que consigo es cometer más.

Acción de gracias

Jehová Guibor Miljama, gracias por ser poderoso en batalla y por ser fiel al enviar tu ira ardiente contra la injusticia cuando tu pueblo se levanta e invoca tu nombre con humildad. Cuando me guía el mejor de los guerreros, no tengo por qué temer a nada ni a nadie y te doy las gracias por revelarme hoy esta verdad.

Súplica

Jehová Guibor Miljama, sé mi fortaleza y mi cántico para que te ofrezca mi alabanza cada día. Visítame en mi angustia y vence a todos los que se me opongan. Cuando la gente propague mentiras sobre mí, cierra sus labios, igual que cerraste las fauces de los leones cuando arrojaron a Daniel al foso. Permíteme caminar por mis días en paz sabiendo que, si estoy quieto delante de ti, intervendrás a mi favor. Ayúdame a vivir en pureza y confianza, de modo que no me atreva a detener tu mano con mi propia injusticia. En quietud y en confianza hallaré mi salida para todo lo que me angustia. Concédeme la gracia de ambas virtudes, hoy y cada día. Entonces levantaré tu nombre en mi corazón con una alabanza plena y con actitud maravillada.

JEHOVÁ MAGINNENU

EL SEÑOR, NUESTRO ESCUDO

Porque Jehová es nuestro escudo [Maginnenu],
y nuestro rey es el Santo de Israel.
SALMOS 89:18

Adoración

Jehová Maginnenu, mi escudo te pertenece porque eres mi defensor. Eres todopoderoso, omnisciente, y siempre estás dispuesto a defender a quienes te temen y ponen en ti su confianza. Con el soplo de tu boca puedes separar las aguas, como hiciste por los israelitas cuando cruzaron el Mar Rojo. Con tu voz poderosa puedes acallar la tormenta, como hiciste en el mar de Galilea. Toda materia sucumbe a tu mandato y, cuando confío en ti como mi escudo, no puede alcanzarme nada que me persiga (da igual que tenga que ver con mi economía, mi salud, mi trabajo o mis relaciones).

Confesión

Jehová Maginnenu, a menudo digo que eres mi defensa, pero, cuando tengo la espalda contra la pared, busco rápidamente a alguien o algo que me ayude. Cuando mis emociones no pasan por la prueba, cuando están tranquilas, alabo tus virtudes todo el día. Pero cuando me enfrento a pruebas y tribulaciones, tiendo a abandonar el barco y a nadar hacia la orilla en vez de confiar en que tu poder me salvará. Perdóname por olvidar tan fácilmente que eres realmente mi defensor y por intentar justificarme en lugar de permitir que tú lo hagas.

Acción de gracias

Jehová Maginnenu, gracias por tu pronta defensa. Gracias por estar siempre vigilante. Gracias por no sentarte alejado e impedir que recurra a ti. Igual que nuestros soldados son enviados a frenar el terrorismo que intenta acabar con la vida de personas inocentes, tú también actúas cuando me tratan injustamente. Tu misma presencia me garantiza tu amor y estoy agradecido por aquellos momentos en los que me has vindicado públicamente.

Súplica

Jehová Maginnenu, te ruego que cuando alguien me acuse falsamente motivado por los celos, el resentimiento o cualquier otra razón, reveles rápidamente la mentira tras la acusación y el silencio a quienes intentan perjudicarme. Busco tu reino y la puesta por obra de tu voluntad en este mundo, y te ruego que mantengas a raya a quienes intentan disuadirme de vivir una vida fructífera para ti. Sé mi defensa contra Satanás, el padre de mentira, no solo en mi propia mente al recordarme tu verdad, sino también cuando otros crean las mentiras retorcidas que intenta contar de mí.

JEHOVÁ GOELEK

EL SEÑOR, TU REDENTOR

Y mamarás la leche de las naciones, el pecho de los reyes
mamarás; y conocerás que yo Jehová soy el Salvador tuyo
y Redentor [Goelek] tuyo, el Fuerte de Jacob.
ISAÍAS 60:16

Adoración

Jehová Goelek, sé que mi Redentor vive, y que me has enviado redención, a mí que soy tu hijo, por medio de tu Hijo Jesucristo. Has ratificado tu pacto y todos tus propósitos permanecerán. Me has creado con un propósito y me has llamado por mi nombre; grande y santo es tu nombre. Eres el Dios que hace maravillas y por tu poder redimes a las personas para ti. Eres el primero y el último, y no hay otro Dios fuera de ti. Ninguno de los que buscan refugio en ti se perderá. Te alabo porque me has redimido y libertado una y otra vez de manos del enemigo.

Confesión

Jehová Goelek, perdóname por tomarme tan a la ligera tu redención y por no vivir a la luz de esa verdad. Confieso mi falta de entendimiento de todos los peligros de los que me has rescatado. Si mis ojos se abrieran por completo, como lo serán algún día, conocería el verdadero alcance de tu redención. O si me dieras una visión especial, como lo hiciste con el siervo de Eliseo para que viera a las huestes de tus ángeles dispuestas a defenderles contra el rey de Aram, te daría la alabanza que mereces de verdad. Perdóname por no comprender en absoluto cómo me redimes cada día.

Acción de gracias

Jehová Goelek, gracias por las numerosas maneras en que has montado guardia a mi alrededor. Me has protegido de peligros invisibles y me has redirigido, como hiciste con Balaam y su asna frente al ángel. Siempre has obrado por detrás de lo visible, y te agradezco que, a pesar de que no soy consciente y no lo agradezco, me sigues redimiendo día tras día: mi salud, mis relaciones, mi trabajo… ¡tantas cosas! Me sustentas con el mejor alimento de todos: tu gracia. Te agradezco tus misericordias y bendiciones diarias, que vienen a mí por medio de tu fortaleza redentora.

Súplica

Jehová Goelek, sé mi Redentor constante y mi ayuda siempre a mano en las tribulaciones. Redímeme de mí mismo, de mi propensión al pecado, de mis indulgencias innecesarias y de mis dudas. Dame la gracia de las mayores virtudes y moldéame para que sea la persona que deseas que sea. Te pido que beba la leche de las naciones como has dicho. Concédeme dar fruto y ser de abundante bendición conforme a tu voluntad perfecta, para la extensión de tu reino y para bien de otros. Úsame como medio de hacer llegar la redención a los necesitados.

JEHOVÁ ELOHIM

SEÑOR DIOS

Estos son los orígenes de los cielos y de la tierra cuando fueron creados,
el día que Jehová Dios [Jehová Elohim] hizo la tierra y los cielos.
GÉNESIS 2:4

Adoración

Jehová Elohim, en el relato de la creación de cielos y tierra, ocupas el lugar destacado del Creador. De tu mente creativa provino el concepto. De tu corazón de amor vino la realidad. De tu boca salieron las palabras que hicieron existir a la Tierra y al universo. Estoy en pie sobre una tierra que tú hiciste existir por tu mandato. Respiro el aire que determinaste que entrase en mis pulmones y diera vida a las células de mi cuerpo. Te honro y te adoro por tu poder creativo y por tu genialidad, Señor. Eres digno de toda mi alabanza.

Confesión

Jehová Elohim, confieso que no entiendo del todo la verdadera magnitud de todo lo que has hecho. Todo está creado a la perfección, de modo que vivimos según un ciclo natural que se sustenta a sí mismo y produce vida. Pero también participas íntimamente en tu creación. No solo eres *Elohim*, sino también *Jehová*. Perdóname por no honrarte conforme al nivel que debería hacerlo. Perdóname por olvidarme de manifestarte el respeto que mereces. Perdona mi corazón cuando, por mi egoísmo, intento llevarme el mérito de algo que has creado y has puesto en mi vida, como mis habilidades, dones y talentos, *Jehová Elohim*.

Acción de gracias

Jehová Elohim, gracias. Gracias por todo lo que has creado. Gracias por pensar en dotar de belleza a tu creación. Gracias por pensar en darme la capacidad de apreciar y disfrutar lo que han hecho tus manos. Cada día es un regalo tuyo. Envías la lluvia para irrigar el suelo y devolver la vida donde la tierra se ha secado. Dices a las estrellas el lugar que deben ocupar en el firmamento y llamas a la marea cuando tiene que subir. Gracias por la magnificencia de quién eres y por permitirme ver aunque sea un poco de esa magnificencia por medio de tu creación.

Súplica

Jehová Elohim, la majestad que has manifestado en tu creación me recuerda que eres todopoderoso. Los detalles que has dado a cada especie en este mundo me recuerdan lo mucho que te interesas por todo. Me has creado como un ser relacional y deseo conectarme con tus otros hijos, *Jehová Elohim*. Muéstrame la mejor manera de glorificarte cuando amo a otros por amor a ti. Y abre mi corazón para recibir el amor de otros como reflejo de tu amor por mí. Te pido que manifiestes en mí tus poderes creativos. Haz que mis dones y mis tesoros alcancen todo el fruto que puedan dar conforme al propósito por el que me los has dado.

JEHOVÁ ELOHIM AB

EL SEÑOR, DIOS DE TUS PADRES

Y Josué dijo a los hijos de Israel: ¿Hasta cuándo seréis
negligentes para venir a poseer la tierra que os ha dado
Jehová el Dios de vuestros padres [Jehová Elohim Ab]?
JOSUÉ 18:3

Adoración

Jehová Elohim Ab, eres el Dios de mis padres. Estabas presente
antes de que el tiempo existiese y has caminado con mis antepasados y con todos los que me han precedido. Eres aquel que habló
con Moisés desde la zarza ardiente. Diste instrucciones a Josué sobre
cómo tomar Jericó. *Jehová Elohim Ab*, estuviste con María cuando
dio a luz al Mesías y lo acostó en un pesebre. Eres el mismo, hoy y
mañana tanto como ayer. Te alabo por guardar a lo largo de la Biblia
un registro de tus tratos con la humanidad y por preservarlo para
compartirlo conmigo. Tengo mucho que aprender de tus interaccio-
nes con mis antepasados, *Jehová Elohim Ab*, y te honro por darme la
oportunidad y el deseo de conocer más.

Confesión

Jehová Elohim Ab, Señor Dios de mis antepasados, confieso que
no siempre establezco una conexión entre lo que has hecho en el
pasado y lo que haces hoy en mi vida. Olvido estudiar tu Palabra y
conocer tu carácter por medio de la relación que tuviste con aquellos que me precedieron. Soy un hijo de Abraham y heredero de
los pactos que has establecido con mis antepasados espirituales. Sin
embargo, confieso que no entiendo lo que esto conlleva ni mi derecho de nacimiento. No puedo pedir lo que desconozco. Perdóname

por no aprovechar plenamente lo que ya has establecido mediante tu relación con mis antepasados espirituales.

Acción de gracias

Jehová Elohim Ab, gracias por ir delante de mí y abrir el camino para el destino hacia el que me has llamado que avance. Gracias por enseñarme por medio de la manera en que has obrado en otros. Gracias por el derecho de nacimiento que me das como ciudadano del reino e hijo tuyo. Ya me has concedido toda bendición espiritual en los lugares celestiales y, ahora, como hicieron tantos de mis antepasados, solo tengo que acceder a ellas. Gracias por elegir este momento para que haga justamente eso y por darme sabiduría mediante tu relación con aquellos que me precedieron en tu Palabra.

Súplica

Jehová Elohim Ab, te pido sabiduría y entendimiento, que son tuyos y puedes dármelos. Abre mis ojos para apreciar plenamente lo que me han dejado mis antepasados espirituales por medio del ministerio de sus vidas. Sé para mí, *Jehová Elohim Ab*, lo que fuiste para ellos. Quiero tener la fe y el poder que concediste a Moisés, Josué y María.

JEHOVÁ EL ELIÓN

EL SEÑOR, DIOS ALTÍSIMO

Y respondió Abram al rey de Sodoma: He alzado mi mano a Jehová
Dios Altísimo [El Elión], creador de los cielos y de la tierra.
Génesis 14:22

Adoración

Jehová El Elión, eres el Señor, Dios Altísimo. Te alabo por la elevada posición que ocupas. Te honro, porque estás sentado por encima de todo lo demás. Exalto tu nombre y bendigo quién eres, el poseedor de cielos y tierra. Eres el amigo de la humanidad. Eres el ser más alto que existe. Por todo esto y por mucho más, te exalto como Rey. Manifiesta el gobierno de tu reino en la tierra como demuestras tu poder y fortaleza por encima de todo.

Confesión

Jehová El Elión, confieso que a veces me pongo mentalmente en tu lugar. Me gusta decidir lo que quiero hacer con mi vida. Quiero tomar mis propias decisiones. Olvido que eres Jehová el Dios Altísimo y opto por fingir que lo soy yo. Perdóname cuando no logro reconocerte en el lugar que ocupas por derecho y honrarte como el Señor, Dios Altísimo. Perdóname cuando no confío en que tú sabes lo que es mejor, y lo que propagará tu reino a largo plazo. Perdona mi audacia al tomar decisiones sin contar con tu punto de vista divino.

Acción de gracias

Jehová El Elión, gracias por no ser solamente el Dios Altísimo, sino el Señor. No gobiernas solamente por gobernar. Tienes un motivo para todo lo que haces. Gracias por habitar en mi vida y en mi corazón e invitarme a contemplar el espectáculo de tu reino. Gracias porque puedo orar directamente a ti, el Dios que está por encima de todo y todo lo gobierna.

Súplica

Jehová El Elión, te ruego que me enseñes cómo vivir mi vida de tal modo que proclame tu voluntad, tu pasión y tu plan para este mundo. Por medio de Cristo nos enseñaste a orar "Venga tu reino, hágase tu voluntad". Busco tu mano en mi vida para que mis palabras y mis actos manifiesten el reino del Señor, Dios Altísimo en este mundo. Y, cuando me enfrente a dificultades y pruebas, ayúdame a recordar que eres el Señor sobre todas las cosas y que te importo. Simplemente, si confío en ti, me guardas las espaldas. Muéstrame esta verdad una y otra vez mientras espero en ti para que satisfagas todas mis necesidades.

JEHOVÁ EL EMETH

SEÑOR DIOS DE VERDAD

En tu mano encomiendo mi espíritu; tú me has redimido,
oh Jehová, Dios de verdad [Jehová El Emeth].
SALMOS 31:5

Adoración

Jehová El Emeth, exalto tu nombre en alabanza y adoración. Eres el Dios de verdad. Eres la presencia y la esencia de la verdad. La verdad tiene su origen en ti y somos incapaces de discernirla sin ti. Te honro por tu claridad y tu sabiduría, por el conocimiento y la aplicación de la verdad. Bendigo tu nombre, *Jehová El Emeth*. Que todas las naciones hallen en ti la sabiduría. Que todas las comunidades hallen restauración en tus caminos. Que todas las iglesias reconozcan el poder de tu verdad y enseñen siempre la verdad. Y que todo ser humano te alabe por la pureza de tu verdad.

Confesión

Jehová El Emeth, me inclino delante de ti y te pido que me perdones por desvirtuar tu verdad. A veces añado mi perspectiva en un intento de cambiar tu verdad. No siempre permito que tu verdad discurra por mis pensamientos, sino que opto por preocuparme, dudar o escuchar mis propio punto de vista por encima del tuyo. Tu Palabra es verdad, pero sin embargo he olvidado memorizar las promesas que hay en ella para retenerlas siempre en mi corazón y en mis pensamientos. Ten misericordia de mí por intentar socavar tu verdad con sabiduría mundana.

Acción de gracias

Jehová El Emeth, gracias por la verdad, que es perfectamente pura. Gracias por la verdad, que no aporta confusión. La verdad es tu punto de vista sobre un asunto; gracias por no ocultar tu verdad ni hacerla tan difícil que yo no pueda entenderla. Tu verdad está a mi alcance libremente en tu Palabra. Gracias por darme la capacidad de leer, *Jehová El Emeth*, y por permitirme discernir tu verdad frente a lo que el mundo pretende venderme como verdad, pero que en realidad es una mentira del diablo. Gracias por el poder de tu verdad, que facilita tomar decisiones en la vida cuando estoy en consonancia con tu verdad.

Súplica

Jehová El Emeth, mi deseo es vivir conforme a tu verdad y, sin embargo, en ocasiones tengo luchas en medio de la adversidad o de las pruebas, cuando caminar en fe y en verdad parece tan difícil. Dame sabiduría; dame discernimiento; dame un corazón que quiera conocer tu verdad. Ayúdame a confiar en ti y a poner siempre tu punto de vista por encima del mío. Muéstrame el valor que tiene aplicar la verdad en mi vida cotidiana, y manifiesta en mí el consuelo que se desprende de conocer tu verdad, *Jehová El Emeth*.

JEHOVÁ EL GUEMULAW
SEÑOR DIOS DE RETRIBUCIONES

Porque vino destruidor contra ella, contra Babilonia, y sus valientes
fueron apresados; el arco de ellos fue quebrado; porque Jehová,
Dios de retribuciones [Jehová El Guemulaw], dará la paga.
JEREMÍAS 51:56

Adoración

Jehová El Guemulaw, eres un Dios de retribuciones. Cuando alguien comete una maldad contra tus hijos, tú se la retribuyes plenamente. Te alabo porque eres *Jehová*, el Dios que existe por sí mismo y un Dios relacional. Te alabo porque eres *Elohim*, el Dios Creador. Y te alabo porque eres *Guemulaw*, el Dios de las retribuciones. Como me amas, ves cuándo me ofenden. Como creas, puedes restaurar lo que he perdido. Como retribuyes, no dejarás escapar a quienes han cometido una falta contra mí. Por estas cosas y más, te exaltaré y alabaré tu nombre, *Jehová El Guemulaw*.

Confesión

Jehová El Guemulaw, perdóname por intentar vengarme por mi cuenta. Perdóname por temer que tú no me vengues. Perdóname por esos momentos en los que estoy furioso y siento miedo porque me acosan o me ofenden, y olvido confiar en tu gran nombre, *Jehová El Guemulaw*. Tú lo ves todo, lo sabes todo, no dejas piedra sin remover. No tengo que ir a contar a nadie más que me han tratado mal. Solo tengo que recurrir a ti, porque tú retribuirás. Nadie se burla de ti. Perdóname por olvidar esto con tanta frecuencia.

Acción de gracias

Jehová El Guemulaw, gracias por cuidarme. Gracias porque no te limitas a sentarte en un trono distante, alejado del sufrimiento que es tan real y evidente en esta vida debido al pecado y a su influencia. Gracias por saber lo que ha pasado (conoces la verdad), aunque otros no puedan verla. Y gracias por ajustar las cuentas cuando han obrado mal contra mí, o por hacer que otros lleguen al arrepentimiento y mostrarles tu misericordia cuando lo han hecho. Señor, eres verdaderamente santo y tu poder es algo hermoso. Gracias una vez más por cuidarme cuando nos ofenden a mí y a aquellos a los que amo.

Súplica

Jehová El Guemulaw, actúa. Defiende a los oprimidos. Libera a los esclavos. Restaura lo que se ha perdido. Que las maldades reciban su pago. Actúa. Da misericordia en la sanidad, poder en el crecimiento y paz al saber que ves, que sabes y que eres *Jehová El Guemulaw*. Clamo a este nombre porque tú retribuyes y me darás fortaleza cuando me hayan perjudicado. Confío en este nombre y te ruego que te manifiestes en mi vida como *Jehová El Guemulaw*.

JEHOVÁ ELOHIM TSABAOTH

SEÑOR DIOS DE LOS EJÉRCITOS

Y tú, Jehová Dios de los ejércitos [Jehová Elohim Tsabaoth],
Dios de Israel, despierta para castigar a todas las naciones; no
tengas misericordia de todos los que se rebelan con iniquidad.
SALMOS 59:5

Adoración

Jehová Elohim Tsabaoth, oh Señor Dios de los ejércitos, Dios de
Israel, tienes poder sobre todas las cosas. Eres un Dios de justicia
y de poder. Te alabo por tu capacidad y tu perfección. Bendigo tu
nombre por tu fortaleza y tu magnitud. Te honro porque eres *Jehová*
Elohim Tsabaoth, el Señor, Dios de los ejércitos. Los ejércitos se postran ante ti. No hay arma más formidable que tú. No hay estrate-
gia que pueda confundirte. No hay enemigo que pueda vencerte. Te
bendigo, *Jehová Elohim Tsabaoth*, porque ordenas a los ejércitos que
obren a nuestro favor.

Confesión

Jehová Elohim Tsabaoth, me resulta fácil intentar hacer las cosas
por mi cuenta cuando otros me ofenden o cuando siento que alguien
o algo no es justo. Intento arreglarlo o cambiar a la persona, o incluso buscar maneras de vengarme. Por favor, perdóname por albergar malos sentimientos hacia quienes me han maltratado o me han
ignorado de alguna manera. En lugar de tomarme la justicia por mi
mano, quiero recordar tu nombre, *Jehová Elohim Tsabaoth*, y confiar
en ti como el gran Dios guerrero y el Señor de los ejércitos. Gracias
por tu perdón, tu gracia y tu misericordia en mi vida.

Acción de gracias

Jehová Elohim Tsabaoth, gracias por ser el Señor, Dios de los ejércitos. Gracias por poner tu fortaleza a mi alcance por medio de tu relación conmigo. Te agradezco todas y cada una de las veces en que te has manifestado para solventar una injusticia o para defenderme. He visto tu mano poderosa en la historia, y confío en que seguiré viéndola en los días venideros. Gracias por tu presencia cuando me enfrente a pruebas y tribulaciones en el futuro. Gracias por ser el comandante en jefe de los ejércitos y por ordenar que actúen en mi beneficio.

Súplica

Jehová Elohim Tsabaoth, ¿me manifestarás tu presencia de tal modo que me sienta en paz? Ayúdame a no tomarme la justicia por mi mano, sino a confiar en ti. Te pido que arregles todas las injusticias que han tenido lugar en mi vida y lleves al arrepentimiento a quienes me han perjudicado. Te pido que me defiendas como a tu hijo y que me ayudes a descansar en tu cuidado. Cuando aun honrándote haya sufrido, muéstrame que todavía estás ahí, que eres *Jehová Elohim Tsabaoth*, el Señor, Dios de los ejércitos.

JEHOVÁ ELOHIM YESHUATHI

SEÑOR DIOS DE MI SALVACIÓN

Oh Jehová, Dios de mi salvación [Jehová Elohim
Yeshuathi], día y noche clamo delante de ti.
SALMOS 88:1

Adoración

Jehová Elohim Yeshuathi, eres el Señor, Dios de mi salvación.
Reinas desde el cielo y gobiernas en la tierra. Rescatas a los necesitados
y sanas a los de corazón quebrantado. No solo salvas por la eternidad,
sino también en el tiempo y en la historia. Por medio de la sabiduría
de tu Palabra, me libras de tomar malas decisiones y de caminar por
el sendero equivocado. Gracias a tu perdón y a tu gracia que sanan,
me libras de una vida de tristeza y de remordimiento. Me libras de la
inquietud asegurándome que puedo confiar en ti. Me libras de la confusión cuando busco tu verdad e introduzco en mi vida el programa
de tu reino. Te alabo porque eres *Jehová Elohim Yeshuathi*, el Señor,
Dios de mi salvación.

Confesión

Jehová Elohim Yeshuathi, confieso que a veces intento salvarme
solo. En lugar de acudir a ti, intento encontrar mis propias soluciones y ponerlas en práctica. En lugar de honrarte como Rey, intento
colocarme en una posición de autoridad. *Jehová Elohim Yeshuathi*, tú
eres quien salva. Perdóname por no volverme a ti y acudir en cambio
a mis amigos, mis familiares u otras personas para hallar una solu-
ción para los problemas que tengo. El primero al que debo acudir en
cualquier situación es a ti.

Acción de gracias

Jehová Elohim Yeshuathi, gracias por no ser solamente un Dios que está sentado en las alturas, o un Dios con poder para crear, sino también un Dios que se acerca humildemente a cada uno de nosotros (¡incluso a mí!) para salvar. Al confiar en Jesucristo para el perdón de mis pecados, he recibido la salvación eterna. Y al confiar en ti, *Jehová Elohim Yeshuathi*, en mi vida cotidiana, veo cómo me libras del sufrimiento, la confusión y el remordimiento innecesarios, y evitas que malgaste mi vida. Eres el Dios que salva. Gracias por invitarme a clamar a ti con el nombre *Jehová Elohim Yeshuathi*.

Súplica

Jehová Elohim Yeshuathi, busco tu salvación en mi vida. Líbrame de mis propios errores y pecados. Rescátame de las consecuencias que merezco por haber tomado malas decisiones. Sálvame cuando otros me perjudican. Líbrame de una vida de horas y días malgastados, y rescata mi corazón de aquello que lo hace sufrir. Muéstrame tu gran mano de salvación, *Yeshuathi*. Libraste a los israelitas de la esclavitud en Egipto y creo que puedes libertarme de mi propia esclavitud, ya sea interna o externa, llevándome a una tierra de reposo.

ELOHÉ MIKAROV

DIOS CERCANO

¿Soy yo Dios de cerca [Elohé Mikarov] solamente,
dice Jehová, y no Dios desde muy lejos?
JEREMÍAS 23:23

Adoración

Elohé Mikarov, me has mandado que sea fuerte y valiente y que no tenga miedo, como se lo ordenaste a Josué hace tanto tiempo. No debo desmayar porque tú, mi *Elohé Mikarov*, estás cerca de mí dondequiera que vaya. Gracias a ti puedo vivir con libertad. Puedo seguir adelante sabiendo que estás allí. Eres el Dios de mi alabanza, el Dios que está presente. Estás donde yo estoy. No hay ningún lugar en el que pueda estar sin ti. Soy tuyo y te honro con las palabras de mi boca, levantando mis manos para que todos vean que eres aquel que lleva mi corazón a un lugar de verdadera alabanza.

Confesión

Elohé Mikarov, estás cercano. No estás lejos de mí, pero a veces yo sí me alejo de ti. Cuando siento que hay distancia entre los dos, no eres tú quien se ha apartado. Perdóname por estar tan lejos de ti en mis pensamientos y en mi corazón. Tú estás justo ahí. Estás conmigo ahora. Cuando te busco, te encuentro. Pero perdóname por no verte cuando estoy cegado por mis propios deseos y mi sufrimiento. Hazme sentir tu presencia, *Elohé Mikarov*, de modo que te pueda experimentar en todo lo que haga.

Acción de gracias

Elohé Mikarov, gracias por estar tanto cerca como lejos. No tengo que preocuparme por las cosas que necesito, porque estás tan cerca que ya sabes lo que preciso. Estás a la puerta; habitas en mi alma. ¿De dónde huiré de tu Espíritu? Gracias porque no puedo huir de tu presencia. Eres el Dios que está cerca de mí y te ofrezco mi gratitud por no abandonarme nunca.

Súplica

Elohé Mikarov, permíteme conocer la gracia de tu presencia al ser consciente de ella. Te ruego que pasen cosas en mi vida que me ayuden a reconocer tu cercanía. Quiero vivir la vida siendo plenamente consciente de ti, *Elohé Mikarov*. No quiero pasar otro día ni desperdiciar otra oportunidad de experimentarte. La vida plena y abundante se encuentra solo en ti. Muéstrame tu mano, tu corazón, tu amor. Dame una señal de tu cercanía permanente en mi vida.

ELOHIM JASDI

DIOS DE MISERICORDIA

Fortaleza mía, a ti cantaré; porque eres, oh Dios, mi
refugio, el Dios [Elohim] de mi misericordia [Jasdi].
SALMOS 59:17

Adoración

Elohim Jasdi, eres misericordioso y clemente, lento para la ira y grande en amor. No guardarás el enojo para siempre. No has hecho conmigo conforme a mis iniquidades ni me pagas conforme a mis pecados. Como la altura de los cielos sobre la tierra, así es tu gran amor hacia aquellos que te temen. Como está lejos el oriente del occidente, alejaste de mí mis rebeliones. Y como un padre se compadece de sus hijos, te compadeces tú de quienes te temen. Alabo tu nombre, *Elohim Jasdi*, porque tu misericordia permanece para siempre.

Confesión

Elohim Jasdi, eres mi fortaleza y el Dios que me muestra su misericordia. Confieso que no siempre acudo a ti como mi fortaleza, sino que intento resolver los problemas por mi cuenta. Perdóname por olvidar convertirte en el punto focal cuando me enfrento a pruebas o a tristezas. Perdóname por recurrir a otros medios para hallar consuelo en lugar de acudir a tu misericordia fiel y a tu bondad.

Acción de gracias

Elohim Jasdi, gracias por el amor, la bondad y la fidelidad que me muestras. Aunque las personas me pueden decepcionar, tu bondad nunca me falla. En ocasiones no entiendo lo que haces, pero te doy las gracias porque puedo confiar en tu nombre, *Elohim Jasdi*. Por fe, te doy las gracias por hacer que todas las cosas redunden en mi beneficio y en mi crecimiento, aun cuando no puedo entender cómo es así. Gracias por tu fortaleza y por poner en mis manos tu amor simplemente cuando busco tu rostro.

Súplica

Elohim Jasdi, dame hoy una visión más amplia de tu nombre. Dame una experiencia más profunda de tu amor, tu bondad y tu fidelidad. Déjame saborear al *Elohim Jasdi* en la máxima expresión de quien eres. Dame sabiduría cuando necesito conocerte más. Y entonces, al conocerte plenamente, ayúdame a expresar tu bondad, tu misericordia y tu fidelidad a otros en tu nombre. Nuestro mundo, *Elohim Jasdi*, tiene una gran necesidad de amor y de bondad. Haz de mí una vasija para llevar tu amor a los necesitados. Cuando ministres a otros a través de mí, lléname de la fortaleza de tu amor todos los días.

ELOHIM BASHAMAYIM

DIOS EN LOS CIELOS

*Oyendo esto, ha desmayado nuestro corazón; ni ha quedado más aliento
en hombre alguno por causa de vosotros, porque Jehová vuestro Dios es
Dios arriba en los cielos [Elohim Bashamayim] y abajo en la tierra.*

JOSUÉ 2:11

Adoración

Elohim Bashamayim, que estás sentado en los cielos arriba y abajo
en la tierra, eres verdaderamente el gobernador de todas las naciones. El poder y la fortaleza están en tu mano y nadie puede hacerte
frente. Eres *Elohim Bashamayim*, que expulsó a los habitantes de la
tierra ante tu pueblo Israel y la dio a los descendientes de tu amigo
Abraham. De igual manera, has ido delante de mí para abrir puertas
que no podía abrir solo y me guías por un camino que no podría
haber forjado por mi cuenta. Estoy ante tu presencia y exalto tu gran
nombre, *Elohim Bashamayim*. Levanto mis ojos y espero en ti.

Confesión

Elohim Bashamayim, todo lo que nace de ti vence al mundo. Yo
he nacido de ti, de modo que venzo al mundo. Esta es la victoria que
vence al mundo, mi fe, pues tú eres *Elohim Bashamayim*, el Dios por
encima de todo, el Dios en los cielos. Perdona mi escasa fe cuando
tengo que vivir y caminar en la victoria que has obtenido para mí
por medio de la cruz de Jesucristo. Ten misericordia de mí cuando
dude de tus promesas. Eres el Dios de los cielos, estás por encima de
todo. Muéstrame tu gracia poderosa cuando perdonas los pecados
que cometo contra ti.

Acción de gracias

Elohim Bashamayim, te doy las gracias por darme siempre la victoria en Cristo Jesús y por habérmela concedido por medio de mi Salvador. Como Dios de los cielos, eres dueño de todo. Lo sabes todo, estás por encima de todo. Gracias porque, a pesar de tu grandeza y tu poder, no te olvidas de mí. Al contrario, deseas relacionarte íntimamente conmigo con amor. Gracias, *Elohim Bashamayim*, por ser quien eres y por la manera que has elegido para manifestarte: por medio del bendito regalo de tu Hijo Jesucristo, que bajó al mundo para que te pueda conocer mejor por medio de Él.

Súplica

Elohim Bashamayim, levanta tu brazo poderoso y abre tu mano extendida en mi vida para que experimente tu poder. Ayúdame a conocerte más mediante mi relación contigo, tu Espíritu y tu Hijo Jesucristo. Quiero comprender tus deseos de modo que pueda caminar en la bendición y el favor de tus caminos. Concédeme tu favor, *Elohim Bashamayim*, porque tu favor está por encima de todas las cosas y porque, cuando tu mano está sobre mí, nada puede obstaculizar el camino hacia mi destino.

JEHOVÁ HASHOPET

EL SEÑOR, EL JUEZ

Así que, yo nada he pecado contra ti, mas tú haces mal conmigo
peleando contra mí. Jehová, que es el juez [Jehová Hashopet],
juzgue hoy entre los hijos de Israel y los hijos de Amón.
Jueces 11:27

Adoración

Jehová Hashopet, a veces hay personas que se ponen en mi contra aun cuando no las he ofendido. En el libro de Jueces, los israelitas clamaron a ti porque no habían atacado a su enemigo y, sin embargo, este guerreaba contra ellos. Apelaron a ti como Juez para dirimir la disputa, como haces tan bien. Te alabo por tu justicia, tu balanza de equidad y por escuchar mi oración cuando tengo necesidad de justicia. Eres un Dios justo, a quien ofende el mal y que está totalmente entregado a la justicia.

Confesión

Jehová Hashopet, confieso que cuando me hieren, no siempre recurro a ti en busca de justicia. En lugar de eso, me pongo en el papel de víctima. Perdóname por esos episodios de autocompasión. Ayúdame a conocer la confianza que puedo sentir en tu ejecución del juicio. Sin duda que eres capaz de hacer justicia a mi favor mucho mejor de lo que podría hacerlo yo. Por favor, perdóname cuando olvido recurrir a ti para que juzgues.

Acción de gracias

Jehová Hashopet, gracias por ser un Dios santo, totalmente justo en todo lo que haces. Gracias por tu corazón de justicia, que es fiel a tu verdad. Gracias por invitarme a volverme a ti cuando tengo necesidad y por asegurarme que conoces la verdad incluso cuando otros mienten sobre mí. Mientras otros buscan la guerra, mi corazón anhela la paz y sé que ves esto en mí. Gracias por defenderme cuando otros se oponen a mí sin motivo.

Súplica

Jehová Hashopet, un enemigo se ha levantado contra mí, un enemigo al que yo solía considerar mi amigo. Solo tú conoces la verdadera motivación de esa persona para hacer esto, pero te ruego que saques la verdad a la luz y juzgues con justicia a esa persona por atacarme sin motivos. Ablanda su corazón y muéstrale el error de sus caminos. Sea lo que sea que tengan contra mí, te ruego que lo vuelvas a ellos de modo que les lleves al arrepentimiento. Te pido la paz con esa persona y te ruego que esa paz llegue rápidamente.

JEHOVÁ HOSHÍA

OH SEÑOR, SALVA

¡Concede, Señor, la victoria [Hoshía] al rey!
¡Respóndenos cuando te llamemos!
Salmos 20:9 (NVI)

Adoración

Jehová Hoshía, eres el Dios que me libra del pozo y que me corona de favores y de la gran profundidad de tu compasión. Me has rescatado del reino de las tinieblas y trasladado a tu reino de luz. Bendigo tu nombre porque me salvas cuando clamo. En tus manos está el poder del universo. Sustentas todas las cosas y en ti todo recibe su vida. Debido a esto, eres el único que tiene el poder de salvar y acudo a ti para recibir tu intervención divina, ofreciéndote la alabanza de mis labios.

Confesión

Jehová Hoshía, acudo a ti rogando por nuestra nación y confesando los pecados que como comunidad hemos cometido. Hace mucho tiempo que no buscamos tu mano para salvación y ahora nos enfrentamos a unas circunstancias desesperantes en la economía, la seguridad pública, la educación y en otros campos. Mira a este país y perdónanos por no clamar a tu nombre en momentos de necesidad. Ten misericordia de nosotros como nación y restaura nuestros corazones y nuestras mentes para ti.

Acción de gracias

Jehová Hoshía, gracias por salvarme cuando clamo a ti. Gracias por esta faceta de tu carácter, que es fiel y verdadero. Te ofrezco esta oración de acción de gracias con gratitud, por todo lo que has hecho y haces en mi vida. Lo que es más importante, gracias por salvarme de mis pecados al enviar a tu Hijo Jesucristo.

Súplica

Jehová Hoshía, hoy acudo a ti para que me libres del caos en que me encuentro. Parte de ese caos es culpa mía y parte no lo es. Pero te pido que intervengas y me des la gracia para confiarte los resultados. No permitas que intente salvarme a mí mismo. En lugar de eso, ayúdame a recurrir a ti para salvarme. Invierte esta desgracia que ahora oprime mi vida y conviértela en una bendición. Dame ojos para ver adónde me conduces y un corazón compasivo hacia otros que experimentan problemas en sus vidas. Úsame hoy para animar a alguien como tú lo has hecho conmigo con tanta fidelidad. Y muéstrame el camino eterno, de modo que pueda caminar conforme a tu voluntad. Oh Señor, mira con misericordia y salva. Recompón este corazón roto y sánalo. Cura mis heridas y pon sobre ellas tu ungüento de gracia amorosa.

JEHOVÁ IMMEKA

EL SEÑOR ESTÁ CONTIGO

Y el ángel de Jehová se le apareció, y le dijo: Jehová está contigo [Jehová Immeka], varón esforzado y valiente.
JUECES 6:12

Adoración

Jehová Immeka, tu sola presencia basta para derrotar a un ejército. Cuando el ángel del Señor se apareció a Gedeón y le dijo que estabas con él, esas palabras no fueron simplemente un comentario tranquilizador para que se sintiera mejor. Fue una verdad poderosa que llevó a Gedeón a un nuevo grado de coraje y que le permitió realizar una conquista militar de una valentía sin precedentes. Tu presencia da confianza. También proporciona una visión de cómo y en qué piensa el adversario. Tu presencia es más valiosa que la de 30.000 guerreros fuertes, como demostraste en la batalla que libró Gedeón.

Confesión

Jehová Immeka, no estoy solo porque tú estás conmigo. En ocasiones me siento solo, pero tu Palabra me dice que nunca me dejarás ni me abandonarás. Hay días en que actúo como si estuviera solo y tiendo a preocuparme o angustiarme por asuntos de mi vida. Esos días especialmente busco tu perdón por dudar de tu presencia y de tu Palabra. Perdóname por esconderme, como lo hizo Gedeón en el lagar, temeroso de lo que me lanza la vida en lugar de acercarme confiadamente al trono de tu gracia y pedirte que me guíes en cada paso del camino.

Acción de gracias

Jehová Immeka, gracias por estar conmigo por la mañana cuando me levanto, y por la noche en mis sueños, y a lo largo de mi día. Gracias por no dejarme nunca solo y por tu promesa de no desampararme nunca. A veces puedo sentirme solo, pero esos sentimientos no se fundamentan en la verdad. Aun en el silencio estás conmigo. Incluso cuando no escucho o veo tu presencia, estás ahí, tal como me promete tu Palabra. Gracias por tu presencia, que me da fuerzas para derrotar a cualquier enemigo, superar todo obstáculo y obtener toda victoria en mis emociones, mi economía, mi cuerpo, mis relaciones, mi familia y cualquier otra faceta de la vida. Gracias por la gentileza de tu presencia cercana.

Súplica

Jehová Immeka, cuando estás conmigo como estuviste con Gedeón, abres un camino donde no lo hay, para cumplir tu voluntad. Gedeón no tenía formación alguna como soldado y, sin embargo, le pediste que dirigiese un ejército, un ejército pequeño, pero ejército al fin y al cabo. Te pido la confianza de Gedeón, la seguridad de tu respuesta cuando extiendo un vellón y luego lo retiro. Llévame a mayores alturas en mi vida y a victorias más valientes, recordándome tu presencia poderosa y el poder que nace de permanecer en ti. Me prometes que si pido cualquier cosa conforme a tu voluntad me la darás, de modo que hoy te ruego confiadamente que cumplas en mi vida todo lo que desees hacer en ella y por medio de ella.

SAR SHALOM

PRÍNCIPE DE PAZ

Porque un niño nos es nacido, hijo nos es dado, y el principado
sobre su hombro; y se llamará a su nombre Admirable, Consejero,
Dios Fuerte, Padre Eterno, Príncipe de Paz [Sar Shalom].

ISAÍAS 9:6

Adoración

Sar Shalom, eres el Príncipe de Paz. Con tu sola voluntad mantienes unido este mundo. Donde hay caos, aportas calma. Donde hay luchas, traes estabilidad. Eres el único que encarna la paz y puede introducirla en nuestras vidas, nuestros hogares, nuestras iglesias, en nuestras comunidades y en nuestra nación. La simple mención de tu nombre nos llena de una tranquilidad firme. Eres el único que sabe lo que hace falta para que haya orden y sosiego. Eres digno de mis máximas alabanza y adoración.

Confesión

Sar Shalom, igual que los discípulos no podían estar tranquilos en la barca cuando se desató la tormenta, a veces me preocupo y me inquieto durante mis tormentas personales. Sin embargo, en medio de la tormenta, tú dormías. Dormías en paz porque estás en paz, y las tormentas no tienen autoridad sobre ti. Perdóname por vivir una vida de insomnio durante muchas ocasiones tormentosas, y por no descansar en tu paz. Confieso que a veces la paz es difícil de encontrar y ruego tu perdón por no dejarme solo y por no dejarte reinar en paz en mi vida.

Acción de gracias

Sar Shalom, levanto ante ti mi corazón cansado, agradeciéndote ese regalo que es la paz. Calmas las tormentas con una sola palabra, sometes a los enemigos con una sola piedra, y me proporcionas paz a lo largo de mis días. Gracias por esta, la mayor de las bendiciones. Gracias por el reposo que supone permanecer en tu presencia, *Sar Shalom*. No tengo que luchar ni preocuparme, sino tan solo descansar en tu paz. Incluso cuando no entiendo las circunstancias que me rodean y la vida me parece injusta, tienes la manera de introducir una paz que aplaca todas mis confusiones. Es algo hermoso y te doy las gracias por ello.

Súplica

Sar Shalom, dame paz cuando tiendo a inquietarme. Dame paz cuando tiendo a dudar. Llena mi mente con tus pensamientos de paz hasta tal punto que mi rostro, mis músculos, mis expresiones no verbales (mi lenguaje corporal) reflejen esta paz a quienes me rodean. Esto por sí solo ya sería una gran victoria y confío en que lo hagas en mi vida. Te pido paz para mis relaciones; que donde haya conflicto, haya resolución y restauración. Pido paz para mi corazón; que donde haya duda, amargura o remordimiento, concedas sabiduría y aceptación en mi ser. Que mis palabras traigan paz a quienes me rodean. Y trae también la paz entre las razas y las etnias en el mundo y en mi país. Aplaca la violencia con tu paz, como solo tú puedes hacerlo.

JEHOVÁ-JIREH

EL SEÑOR, NUESTRO PROVEEDOR

*Y llamó Abraham el nombre de aquel lugar,
Jehová proveerá [Jehová-jireh]. Por tanto, se dice
hoy: En el monte de Jehová será provisto.*
GÉNESIS 22:14

Adoración

Jehová-jireh, mi proveedor, tu gracia satisface todas mis necesidades. Quienes buscan tu rostro en el monte del Señor te encuentran allí y descubren que eres suficiente para todas las cosas. Realmente satisfaces todas mis necesidades gracias a tus abundantes riquezas en gloria. No me has dejado en necesidad. Incluso en aquellas ocasiones en que me han faltado cosas, te has manifestado no solo para satisfacer mis necesidades sino también para bendecirme con algo especial: para hacerme ver que me ves y me cuidas. Eres el gran Dios proveedor. Das aire para que respiren los pulmones, luz para que vean los ojos, lluvia para que crezcan las cosechas y amor para que viva el corazón. Eres un Dios imponente, digno de toda alabanza.

Confesión

Jehová-jireh, ¿cuántas veces he acudido a otras fuentes, cuando solo tú eres quien me provee de todo? Todo el mundo y todas las cosas no son más que recursos, pero, en mi condición humana, sigo buscando en otros lugares lo que solo tú puedes darme. ¡Qué error el mío, asustarme en el trabajo cuando alguien no está contento conmigo, o en el hogar si no sé cómo voy a pagar las facturas! Perdóname por mi osadía al pensar que el gobierno tiene un control mayor que el tuyo, o que el médico tiene la última palabra respecto a mi salud. Tú eres mi fuente. Tú eres mi *Jehová-jireh*, mi proveedor y mi Señor.

Acción de gracias

Jehová-jireh, gracias por tu provisión. Gracias por estar pendiente de mí en todo momento. De hecho, si olvidases hacer que mi corazón latiera como lo hace, aunque solo fuera unos instantes, ya no experimentaría la bondad de la vida en la tierra de los vivientes. Gracias por cuidar de todo por medio de tu provisión: mi economía, salud, alimentos, refugio, amor... todo esto procede, en última instancia, de ti. Todo don bueno y perfecto proviene de lo alto, de *Jehová-jireh*, que nos sustenta a todos. Gracias por todas y cada una de las cosas, incluso por las pruebas difíciles que fortalecen mis músculos espirituales y me acercan más a ti.

Súplica

Jehová-jireh, mi proveedor, creo que apelo a este nombre más que a cualquier otro. Con frecuencia te pido que me des esto o aquello y luego vuelvo otra vez a hacer lo mismo. Sin embargo, te pido que me des solamente lo que produzca el mayor crecimiento en mi ser, y el impacto más perdurable para tu reino en este mundo. Cuando te reuniste con Abraham en el monte, justo cuando él iba a sacrificarte lo más precioso de su vida, a su hijo Isaac, te revelaste como *Jehová-jireh*. Con demasiada frecuencia olvido la gravedad de esa situación cuando revelaste este nombre. En lugar de eso, te considero un genio cósmico, dispuesto a dispensar favores cuando te los pido. Permíteme conocerte bajo la forma más certera y auténtica de este nombre, *Jehová-jireh*, cuando te reúnes conmigo en mi sufrimiento, sacrificio y dedicación a ti. Déjame verte en la cima de mis propias luchas. Ven a mi rescate como hiciste al proveer una víctima para el sacrificio que hizo Abraham.

JEHOVÁ KANNA SHEMO

EL SEÑOR CUYO NOMBRE ES CELOSO

*Porque no te has de inclinar a ningún otro dios, pues Jehová,
cuyo nombre es Celoso [Jehová Kanna Shemo], Dios celoso es.*
ÉXODO 34:14

Adoración

Jehová Kanna Shemo, tu nombre es Celoso. Tienes motivos para
no querer que yo adore a ningún otro dios o ídolo: se debe a que tú
eres el único Dios verdadero y vivo. Llevas sobre tus hombros el peso
del mundo, dices a las estrellas el lugar que han de ocupar y libras del
mal a tus hijos. Eres una ayuda presente en medio de los problemas,
y un consuelo apacible cuando estoy solo. Mereces ser un Dios celoso
porque eres dueño de todo, y todo procede de ti.

Confesión

Jehová Kanna Shemo, admito que normalmente no asocio contigo
este nombre. Si lo hiciera, tendría mucho más cuidado en mostrarte
el honor y el respeto que mereces. Para mi vergüenza, descubro que
invierto mi tiempo y energía en entretenerme o distraerme la mayor parte de la semana, dándote solamente una parte de mi tiempo.
Perdóname por este desequilibrio en el orden de mis días. Está claro
que no refleja tu llamado a la vida del reino, que consiste en buscarte
antes y por encima de todas las cosas. Gracias por tu perdón y por
tu misericordia.

Acción de gracias

Jehová Kanna Shemo, gracias por la gracia que me muestras cada
instante del día. Como Dios celoso, has contenido buena parte de tu
frustración y de tu ira hacia mí cuando no te he reconocido. No te

lamentas ni me recriminas nada. En lugar de eso, buscas llamar mi atención de las formas más eficaces. Gracias por amarme tanto que estás celoso cuando amo a otros más que a ti.

Súplica

Jehová Kanna Shemo, realmente quiero que seas el primero en mi vida y en mi corazón, en mis pensamientos, actos y deseos. Parece algo fácil, pero sigo poniéndome el primero. Te ruego que me muestres tu amor en tu forma de atraerme más hacia ti y en el modo de llamar mi atención hacia tu persona. Ayúdame a no darte celos. Dame un corazón como el de David, conforme al tuyo.

JEHOVÁ MAJSI

EL SEÑOR ES MI REFUGIO

Ya que has puesto al Señor *por tu refugio, al Altísimo por tu protección, ningún mal habrá de sobrevenirte, ninguna calamidad llegará a tu hogar.*
Salmos 91:9-10 (nvi)

Adoración

Jehová Majsi, cuando habite en tu refugio viviré bajo tu sombra. Ciertamente eres mi refugio y mi fortaleza, mi Dios en el que confío. Eres quien me libra del lazo del cazador y de la peste destructora. Me cubres con tus alas, bajo las cuales busco refugio; tu fidelidad es un escudo y un baluarte. Gracias a ti no tengo miedo al terror de la noche ni a la flecha que vuela de día, la pestilencia que acecha en las tinieblas o la destrucción que asuela la tierra al mediodía. *Jehová Majsi*, he hecho de ti mi refugio, el lugar de mi habitación.

Confesión

En el nombre *Jehová Majsi* hay poder para librarme de lo que me mantiene en la esclavitud. Perdóname por no aprovechar ese poder regularmente; por preocuparme, temer, sentir ansiedad, intentar hacer planes por mi cuenta, y mucho más. En lugar de limitarme a descansar en tu refugio, intento arreglar las cosas, cambiarlas, trastocarlas, superarlas... usando mis propias fuerzas; con esto solo consigo acabar frustrado. Te ruego que te conozca como mi refugio y que habite en tu verdad y tu poder.

Acción de gracias

Jehová Majsi, gracias por ser mi refugio. Eres mi morada, mi hogar. Gracias por mostrarme adónde puedo ir cuando me siento perdido, solo o abandonado. Gracias por protegerme de las tormentas de esta vida y por guiarme en medio de las pruebas por las que paso. Gracias, *Jehová Majsi*, por romper todas las cadenas en mi vida, librándome de la esclavitud del legalismo, la ansiedad, la decepción, el perfeccionismo, el miedo y mucho más. Cuando entro en tu refugio siento cómo se caen mis cadenas y te ofrezco mi gratitud por tu presencia y tu ayuda.

Súplica

Jehová Majsi, muéstrame dónde estás. Enséñame dónde está mi refugio. A menudo acudo a distracciones, cosas con las que intento apartar mi mente de lo que tengo entre manos, pero quiero que estés delante de mí con la misma claridad con la que el ángel se puso delante de Balaam y su asna. Abre mis ojos para que te vea con tanta claridad como el siervo de Eliseo vio tu ejército. Indícame dónde está mi refugio, de modo que pueda acudir corriendo a él cada vez que lo necesite. Hay poder en tu nombre, *Jehová Majsi*, y quiero experimentarlo.

JEHOVÁ MAGUÉN

EL SEÑOR ES MI ESCUDO

Bienaventurado tú, oh Israel. ¿Quién como tú, pueblo salvo por Jehová, escudo [Maguén] de tu socorro, y espada de tu triunfo? Así que tus enemigos serán humillados, y tú hollarás sobre sus alturas.
DEUTERONOMIO 33:29

Adoración

Jehová Maguén, bendito es tu nombre. Bendita es tu capacidad de proteger a tu pueblo y de salvar. Brindas ayuda cuando es necesaria. Brindas protección cuando te la piden. Permites a los tuyos pisar en las alturas, como hiciste prevalecer a los israelitas sobre sus enemigos cuando sus corazones se volvieron a ti. Ningún ejército es lo bastante grande como para intimidarte. Ningún plan malvado puede sorprenderte. Los enemigos tiemblan delante de ti porque eres *Jehová Maguén*.

Confesión

Jehová Maguén, perdóname por no colocarme detrás de tu escudo, por no ponerte en el primer lugar de mi vida. Me dices que si busco primero tu reino y tu justicia, recibiré todas las cosas que necesito, incluyendo tu escudo protector. Sin embargo, he puesto muchas cosas por delante de ti y, en realidad, muchas veces me he alejado de tu presencia. *Jehová Maguén*, eres como un paraguas, que me protege de la lluvia. No siempre permites que deje de llover; en ocasiones permites que continúe haciéndolo. Pero cuando estoy debajo de ti como mi paraguas, impides que la lluvia caiga sobre mí. Perdóname por salir de debajo de tu protección y buscar la mía propia.

Acción de gracias

Jehová Maguén, gracias por la bondad de tu poder protector y por la grandeza de tu fortaleza. Un escudo puede defender solo si es lo bastante grande, lo bastante fuerte y si está colocado correctamente. Tú cumples estos requisitos y te agradezco que te me ofrezcas como mi *Maguén*, el escudo de mi vida.

Súplica

Jehová Maguén, protégeme de los ataques del enemigo. Él viene a mí con sus flechas ardientes, intentando apartarme de tu voluntad, endurecer mi corazón ante tu amor y llevarme a la tentación y al pecado. Devuélveme un espíritu de fe de modo que recurra a tu escudo en todos los sentidos. Protégeme de los ataques que surgen cuando creo una mentira en vez de la verdad. Soy un hijo del Rey y heredero de tu reino, y te pido que seas mi escudo frente a cualquier persona o cualquier cosa que intente inducirme a creer lo contrario.

JEHOVÁ MAUTSI

EL SEÑOR ES MI FORTALEZA

*Oh Jehová, fortaleza [Mautsi] mía y fuerza mía, y refugio mío
en el tiempo de la aflicción, a ti vendrán naciones desde los
extremos de la tierra, y dirán: Ciertamente mentira poseyeron
nuestros padres, vanidad, y no hay en ellos provecho.*
JEREMÍAS 16:19

Adoración

Jehová Mautsi, eres mi fuerza y mi fortaleza, mi refugio en momentos de angustia. A ti acudirán las naciones desde los confines del mundo y declararán que sus antepasados no tuvieron otra cosa que dioses falsos, ídolos sin valor que no les ayudaron en nada. Aquel día, todos los pueblos acudirán a tu presencia y doblarán sus rodillas. Te reconocerán como el único Dios verdadero, la fortaleza que permanece más alta y duradera que todas las que levantan los hombres, porque eres el gran Dios eterno.

Confesión

Jehová Mautsi, bendigo tu nombre porque eres mi muralla de defensa, mi protección cercana y mi fortaleza. En ti encuentro consuelo de mis pruebas y tribulaciones. Perdóname por no alabarte como debería por protegerme de tantos peligros con el paso de los años. Has evitado sucesos y situaciones que me habrían perjudicado. Has impedido que me alcanzasen, pero sin embargo no te he adorado o alabado en gratitud por ser mi fortaleza como debiera haberlo hecho.

Acción de gracias

Jehová Mautsi, mi fortaleza y mi Dios, gracias por saber ya lo que hay que hacer. Ya sabes lo que me sucederá y diriges mis pasos según el gran plan de tu reino. Gracias por tu fortaleza, sabiduría, poder y protección. Gracias a ti no temo las muchas cosas que me producirían miedo si no pusiera mi fe en ti. Gracias a ti puedo disfrutar de mi vida, estando seguro de tu presencia y tu refugio. Eres mi fortaleza cuando estoy cansado y te doy las gracias por rodearme con tu presencia poderosa.

Súplica

Jehová Mautsi, que tu nombre sea alabado en toda la tierra. Da a los nuevos misioneros el deseo de ir al mundo para hablar de tu gran protección. Atrae a ti las naciones, de modo que te conozcan y vean que los dioses y los ídolos en los que han confiado solo les han llevado a la destrucción. Dame sabiduría para saber cuál es el mejor camino para contribuir en mi comunidad y en mi país a la gloria de tu nombre, *Jehová Mautsi*, y para extender el mensaje de tu protección. Dame osadía y oportunidades para marcar una diferencia en el mundo para tu reino, de modo que muchas personas logren experimentarte como su fortaleza.

JEHOVÁ HA-MELEK

EL SEÑOR, EL REY

Aclamad con trompetas y sonidos de bocina,
delante del rey Jehová [Jehová Ha-melek].
SALMOS 98:6

Adoración

Jehová Ha-melek, vengo ante tu presencia con los brazos abiertos y el corazón humillado. Clamo de gozo delante de ti, porque eres mi Rey. Inclino mi cabeza y te doy la reverencia que mereces. Proclamo a todos que soy tuyo. Sí, te pertenezco, oh *Jehová Ha-melek*. He puesto todo lo que soy en tus manos regias y te entrego toda mi vida. Levanto tu nombre con honor. Te aplaudo con alabanza por todo lo que eres y todo lo que has hecho.

Confesión

Jehová Ha-melek, confieso que a menudo me considero mi propio gobernante en lugar de mirarte a ti como mi Rey. Tomo mis propias decisiones. Sigo mis propias palabras, elijo mi propia sabiduría. Como resultado, cosecho mis propias consecuencias. Oh, *Jehová Ha-melek*, perdona mi osadía por intentar usurpar el lugar que te corresponde por derecho en mi vida. Te ruego que disculpes mi iniquidad y ocupes tu lugar como Rey de mi corazón.

Acción de gracias

Jehová Ha-melek, gracias por la esperanza que me das al saber que eres el que todo lo gobierna. La paz que experimento en mi vida es el resultado de tu obra en ella. Las bendiciones que me das se deben a que estás por encima de todo. No eres un Rey al que se pueda menospreciar o ignorar. Eres un Rey que merece por derecho la alabanza, el honor y la acción de gracias más grandes que sean posibles. Gracias, *Jehová Ha-melek*, por ser quien eres y por humillarte al reunirte conmigo una y otra vez en medio de mis luchas, mis dudas y mis sufrimientos. Gracias por levantarme una vez más, *Jehová Ha-melek*.

Súplica

Jehová Ha-melek, busco tu presencia, porque en ella hay libertad. En tu presencia hay paz. Eres todo lo que necesito, mi Rey. Venga tu reino, hágase tu voluntad; que todo lo que deseas se cumpla en la tierra así como en el cielo. Que como país, como comunidad, como iglesia, como familia, como persona, nos sometamos a ti para mostrarte lo mucho que te honramos y respetamos quién eres, y cómo anhelamos que reines en todo lo que hacemos.

PELEH YO'ETZ

CONSEJERO ADMIRABLE

*Porque nos ha nacido un niño, se nos ha concedido
un hijo; la soberanía reposará sobre sus hombros, y se
le darán estos nombres: Consejero admirable [Peleh
Yo'etz], Dios fuerte, Padre eterno, Príncipe de paz.*
Isaías 9:6 (NVI)

Adoración

Peleh Yo'etz, tu sabiduría concede vida. Cuando carezco de sabiduría, me dices que me límite a pedírtela, y me la darás libre y abundantemente. Esto es así porque eres mi Consejero admirable. Eres aquel que me guía por el camino que traerá fruto, paz y vida. Tu consejo es puro, pacífico, amable, razonable, lleno de misericordia y de buenos frutos. Dame tu aliento, *Peleh Yo'etz*, y que tu consejo arraigue en lo profundo de mi alma. Que tus pensamientos guíen y dirijan mis pasos en todo lo que hago. Líbrame de mi propia futilidad mental, mi propia cortedad de vista. Haz que honre y respete el momento que eliges para hacer las cosas, tu propósito y tu consejo en mi vida.

Confesión

Peleh Yo'etz, tengo acceso al mayor consejo y la sabiduría más profunda disponible para el ser humano. Sin embargo, la mayoría de los días tomo mis propias decisiones basándome en mis pensamientos finitos. Perdóname por no buscarte en todo lo que hago. Perdóname por no conocer este nombre tuyo a cada instante que pasa, y por no abrir las compuertas de tu consejo y tu sabiduría en mi alma escudriñando tu Palabra y buscando tu rostro.

Acción de gracias

Peleh Yo'etz, gracias por bendecirme con tu consejo y tu entendimiento. La sabiduría que viene de ti es mejor que la plata o el oro. Lo que tienes que darme es más precioso que las joyas. La larga vida está a tu diestra, y a tu izquierda el honor que busco. Gracias por hacer que tus caminos sean agradables y tus senderos apacibles.

Súplica

Pele Yo'etz, veo la puerta abierta que me da acceso a acercarme a ti y busco tu consejo en todo lo que hago. Te pido que me tomes de la mano y me acerques a ti. Háblame de un modo que pueda discernir fácilmente, Señor. Enséñame a escuchar tu consejo. Demuéstrame lo importante que es que lo siga. Concédeme el éxito en todo lo que haga cuando consagre a ti mi camino, mi vivir y mis decisiones. No dejes que me jacte de nada excepto de conocerte y comprenderte, porque tú eres el que practica un amor firme, justicia y rectitud en este mundo. Tú eres el que conseja lo que es correcto y te deleitas en ofrecer tu sabiduría a todos.

JEHOVÁ MEFALTI

EL SEÑOR ES MI LIBERTADOR

Jehová, roca mía y castillo mío, y mi libertador [Mefalti];
Dios mío, fortaleza mía, en él confiaré; mi escudo, y
la fuerza de mi salvación, mi alto refugio.

Salmos 18:2

Adoración

Jehová Mefalti, eres el libertador. Eres la fortaleza, eres la roca. Quien está en ti está a salvo. El ladrón no viene sino para hurtar y matar y destruir, pero tú viniste para que yo tenga vida, y para que la tenga en abundancia. Te alabo, porque eres santo. Te alabo, porque eres poderoso. Te alabo, porque eres mi libertador. Eres mi Señor. Oigo tu llamado, siento tu gloria. Te veo levantarte para ser mi fortaleza. Recibe mi alabanza; recibe todo lo que hay en mi interior, porque te rindo el más alto honor de mi corazón.

Confesión

Jehová Mefalti, a veces el temor y la ansiedad se infiltran en mis pensamientos. Tanto si son evidentes como sutiles, vienen para hacerme dudar de tu poder y de tu mano libertadora. Vuelvo mis pensamientos a lo que podría ser, a lo que podría pasar o a lo que podría perder, en lugar de confiar en tu mano soberana y en tu poder. He perdido demasiado tiempo en inquietudes o temores. Como pretendía el enemigo, he desperdiciado demasiados momentos que podrían haber sido redimidos. Perdóname, *Jehová Mefalti*, por ignorar tu liberación en momentos de angustia.

Acción de gracias

Jehová Mefalti, nada me puede tocar sin haber pasado antes por tus manos. Nada puede dañarme sin que medie tu permiso. Es fácil decir estas palabras, pero, en esos momentos en que me enfrento al miedo y a la duda, no son tan fáciles de vivir. Gracias por el amor que me muestras en esas circunstancias para recordarme que eres mi libertador. Gracias por no abandonarme a mi suerte. Gracias por venir a mi lado y susurrarme una y otra vez tus promesas de liberación.

Súplica

Jehová Mefalti, la vida es frágil. Cada día en las noticias escuchamos hablar de una nueva tragedia o de una vida que se ha perdido debido al pecado de la humanidad. Se producen ataques, ya sea emocionales, económicos o físicos (de cualquier tipo), y la vida puede pasarnos factura. Tales cosas me pueden arrebatar la alegría, la esperanza y la paz. *Jehová Mefalti*, que siempre recuerde este nombre. Que este nombre figure en la vanguardia de mi mente, de modo que sepa, con total seguridad, que estás aquí como mi libertador, que eres más fuerte y poderoso que cualquier cosa que se me oponga. Dame la paz que viene con la confianza. Dame la gracia que viene con la esperanza.

JEHOVÁ-MEKODDISHKEM

EL SEÑOR QUE TE SANTIFICA

Tú hablarás a los hijos de Israel, diciendo: En verdad vosotros guardaréis mis días de reposo; porque es señal entre mí y vosotros por vuestras generaciones, para que sepáis que yo soy Jehová que os santifico [Jehová-mekoddishkem].
ÉXODO 31:13

Adoración

Jehová–mekoddishkem, eres el Dios que me santifica. Te ruego que me santifiques en tu verdad, pues tu Palabra es verdad. Eres el Dios de paz, que me santifica por completo. Que todo mi espíritu, alma y cuerpo se encuentren sin mancha cuando regreses, Señor Jesucristo. Te alabo, porque me has guardado como algo tuyo, apartado para hacer tu obra, santificado para hacer tu voluntad. Recibe el honor que te doy y que el fruto de mis labios te complazca.

Confesión

Jehová–mekoddishkem, recuérdame con gracia y misericordia. Te pido que me muestres tu amor y tu gran perdón por entregarme a cosas que no son santas. Perdóname por tomar lo que has apartado como algo tuyo y usarlo en cosas profanas. Perdona las veces que no honro mi vida en muchos sentidos, una vida que has comprado y pagado a un alto precio. Muéstrame la mayor de las misericordias por no tratar como algo santo lo que tú has santificado.

Acción de gracias

Jehová–mekoddishkem, gracias por hacerme tuyo. Gracias por apartarme para ser de tu propiedad. Eres santo, eres hermoso, eres amable. Pongo en tus manos amorosas todo lo que soy y te pido que me acojas bajo el refugio de tus alas. Santifícame en la esperanza que nace de saber que eres aquel que es soberano sobre todo. Te entrego mis pensamientos, talentos y tiempo. Santifica todo conforme al propósito que has preparado para mí. Usa mis capacidades y mis talentos para glorificarte. Permite que mis palabras se aparten solo para ti. Gracias por mostrarme que tengo un destino para servir a los propósitos de tu reino y extender tu gloria en la tierra.

Súplica

Jehová–mekoddishkem, me has santificado y soy tuyo. Me has elegido como tu embajador en este mundo. Proclamo tu nombre, mi Señor. Proclamo a todos que soy tuyo. Todo lo que soy es tuyo. Complácete en usarme para complacerte y para glorificarte. Abre las puertas por las que debo entrar. Cierra aquellas que no me conviene traspasar. Apártame para cumplir todo lo que has elegido que haga, y haz que siempre esté cerca de ti en todo lo que lleve a cabo. Perdóname cuando fracaso y devuélveme rápidamente al sendero que has elegido para mí.

JEHOVÁ METSUDATI

EL SEÑOR ES MI TORRE ALTA

*Jehová, roca mía y castillo mío [Metsudati], y mi
libertador; Dios mío, fortaleza mía, en él confiaré; mi
escudo, y la fuerza de mi salvación, mi alto refugio.*
SALMOS 18:2

Adoración

Jehová Metsudati, eres mi roca, mi fortaleza y mi libertador. Eres
aquel en quien me refugio. Cuando estoy con la espalda contra la pared y el enemigo me lanza sus dardos de fuego intentando abatirme,
tú, *Jehová Metsudati*, eres mi escudo. Exalto tu nombre en alabanza
porque solo tú eres el cuerno de mi salvación y mi refugio. Nadie más
puede librarme de las malvadas garras de la muerte que amenaza mis
esperanzas, sueños y relaciones. Solo en ti hallo mi torre alta, a la que
acudo en busca de seguridad.

Confesión

Jehová Metsudati, a menudo me siento aprisionado por las exi-
gencias y las presiones de la vida, y olvido poner mi confianza en ti.
Dios, lamento tener tan poca vista y dejar que mis pruebas y mis temores dominen mis pensamientos hasta tal punto que olvido acudir
a ti, mi torre alta, con todas las necesidades que tengo. Ten misericordia de mí y quiero que sepas que pongo mi esperanza en ti en todas
las cosas; lo que pasa es que a veces me olvido cuando me dominan
mis emociones. Recuérdame en esos momentos tu ayuda siempre
presente en momentos de necesidad.

Acción de gracias

Jehová Metsudati, gracias por tu fuerza. Gracias por tu poder. Gracias por ofrecerme un lugar al que huir en mis momentos de necesidad. Gracias, mi Dios, por no abandonarme a mi suerte. Me proporcionas una manera de salir de mis problemas incluso cuando no parece haber ninguna. Gracias por recordarme esto en aquellos momentos en que olvido clamar a ti, oh Rey. Enséñame a escuchar tu voz y a responderte durante mis días más angustiosos.

Súplica

Jehová Metsudati, hoy quiero dedicar estos momentos de oración para orar por quienes no te conocen como su torre alta, aquel que está esperando para facilitarles ayuda y esperanza. Señor, pongo ante ti a los miembros de mi familia y a mis amigos que están lejos de tu persona. Te pido que los atraigas a ti con tu amor sin igual. Muéstrales que, en medio de sus pruebas y tribulaciones, estás ahí para ellos, siempre dispuesto a ofrecerles un escudo frente a las tormentas de la vida. Abre mi boca cuando esté con ellos para compartir tu amor fiel y tu cuidado, y haz de mí un testigo de tu esperanza para aquellos que tanto la necesitan.

JEHOVÁ MOSHIEK

EL SEÑOR ES TU SALVADOR

Y a los que te despojaron haré comer sus propias carnes,
y con su sangre serán embriagados como con vino;
y conocerá todo hombre que yo Jehová soy Salvador
[Moshiek] tuyo y Redentor tuyo, el Fuerte de Jacob.
ISAÍAS 49:26

Adoración

Jehová Moshiek, eres verdaderamente mi Salvador. Ya has conquistado a mi mayor enemigo, Satanás. Has hecho lo que dijiste que harías, y me has librado de sus manos opresoras. Eres el Rey de este reino, el gobernante sobre todo. El enemigo pensaba que podría derrotarte cuando intentó matar a todos los recién nacidos en el momento en que nació Cristo. No tuvo éxito. Entonces intentó destruir a Jesús en la cruz del Calvario. Tampoco entonces tuvo éxito. Te alabo porque eres el vencedor definitivo sobre todo y puedes salvarme también a mí de aquello que amenaza con destruirme.

Confesión

Jehová Moshiek, perdóname por no compartir las buenas noticias de tu salvación con el mayor número de personas posible. Perdóname por no hablar en momentos en que debería compartir la importancia de lo que has hecho. Eres el Salvador del mundo, el Dios poderoso, que no solo crea sino también salva. Dame la gracia para sentir cuándo estás abriendo puertas en la vida de alguien que necesita conocerte, alguien a quien conozco, de modo que pueda anunciarle tu bondad y tu misericordia. Ayúdame a orar más fervientemente por los perdidos, de modo que te conozcan como su Salvador.

Acción de gracias

Jehová Moshiek, este es posiblemente el nombre que más doy por hecho. Gracias por ser mi Salvador. Gracias por acudir en mi defensa, por amarme antes de que yo te amase en consecuencia. Gracias por pagar el precio por mis pecados cuando Jesucristo padeció en la cruz para ofrecerme no solo la salvación eterna, sino también la santificación en mi vida cotidiana. Pronuncio este nombre con acción de gracias suprema, al elevarlo ante ti como una alabanza humilde. Recibe mi gratitud; quiero que sepas que agradezco realmente tu salvación en mi vida cotidiana y que lo haré por toda la eternidad.

Súplica

Jehová Moshiek, haz de mí un medio de tu salvación para aquellos que necesitan conocerte. Haz de mi vida un testimonio vivo que hable de tu gracia y de tu misericordia. Muéstrame cómo vivir. Enséñame qué decir de modo que te glorifique en todo lo que haga. Te ruego que cuando otros vean tu salvación en mi vida, se sientan motivados a recibirla también en las suyas. No dejes que desperdicie mis horas ni mis días; enséñame a orar por quienes te necesitan y a hablarles luego de tu gran poder de salvación.

JEHOVÁ-NISI

EL SEÑOR ES MI ESTANDARTE

Moisés edificó un altar y lo llamó
«El Señor es mi estandarte» [Jehová-nisi].
Éxodo 17:15 (nvi)

Adoración

Jehová-nisi, mi corazón agradecido te adora por ser el estandarte de mi vida. Cuando me enfrento a pruebas y a problemas, sé que puedo contar contigo para protegerme. Tu protección mediante pacto me guarda y me guía en un mundo que en ocasiones es peligroso y está lleno de dificultades. Has dicho que en este mundo tendré aflicción, pero que tú has vencido al mundo. Gracias a tu poder para vencer, eres mi estandarte cuando más lo necesito. Recibe mi alabanza y mi adoración cuando exalto tu nombre con amor.

Confesión

Jehová-nisi, he malgastado muchos minutos, horas y días temiendo cosas que debería haber dejado en tus manos. La preocupación no hace nada por mí, solo prolonga el estrés. Sin embargo, tú has estado ahí, esperando guiarme y protegerme como mi bandera y mi escudo. Señor, perdóname por todas las veces que he dudado en mi corazón y en mi mente, centrándome en mis temores en lugar de volverme a ti. Me prometes que si te busco te encontraré. Hoy te busco, *Jehová-nisi*, como mi estandarte y mi victoria.

Acción de gracias

Jehová-nisi, gracias por la bondad que otorgas y la seguridad que ofreces a quienes confían en ti. Eres fuerte y poderoso, y capaz de derrotar a todo enemigo. Gracias por estar conmigo en mis pensamientos cuando me enfrento a decisiones que tomé en el pasado, decisiones que me han llenado de remordimientos. Gracias por ser mi bandera y por ayudarme a seguir adelante y dejar que el pasado sea pasado. Si me deleito en ti, me concederás los deseos de mi corazón y me pondrás en el camino hacia el destino que has creado para que yo lo cumpla.

Súplica

Jehová-nisi, eres mi bandera. Sin ti las tormentas de la vida caen sobre mí y en ocasiones me aplastan. Vivimos en un mundo muy frágil: en ocasiones nuestras emociones, nuestra salud y nuestras relaciones son frágiles. Sé que eres bueno y fuerte, de modo que te pido que me ayudes a que ese conocimiento influya en mis emociones. Entonces me sentiré seguro y en paz en medio de las tempestades de la vida, cuando te mire a ti, mi estandarte, mi *Jehová-nisi*, como mi brazo fuerte y justo.

JEHOVÁ ORI

EL SEÑOR ES MI LUZ

*Jehová es mi luz [Ori] y mi salvación; ¿de quién temeré? Jehová
es la fortaleza de mi vida; ¿de quién he de atemorizarme?*
SALMOS 27:1

Adoración

Jehová Ori, eres la luz de mi vida. Eres la estrella que brilla e
ilumina mi camino. Te alabo por ayudarnos a todos y cada uno de
nosotros a orientarnos por las tinieblas de esta vida. Eres la luz más
pura. Eres santo, eres fuerte. Levanto tu nombre en adoración y alabanza, dándote la importancia de la que eres merecedor. Canto a ti
en honor y gratitud por tu grandeza. Que tu nombre sea exaltado entre las naciones. Que tu alabanza se extienda por toda la tierra. Atrae
a ti al mundo, de modo que todos te conozcan y te experimenten
como la luz de sus vidas.

Confesión

Jehová Ori, ¿cuántas horas he pasado intentando descubrir el
camino por mí mismo? ¿Cuántas veces he buscado soluciones en
Google o he llamado a un amigo antes que volverme a ti con una en-
trega humilde, admitiendo que solo tú eres la luz, que solo tú conoces el camino? Perdóname por las emociones, la energía y el tiempo
desperdiciados. Perdóname por estar tan dominado por mi propia
oscuridad que olvido que tú estás ahí como mi luz y mi salvación.
Eres *Jehová Ori* y conoces el camino que debo seguir. Muéstrame tu
gracia y tu bondad. Ilumina mi camino.

Acción de gracias

Jehová Ori, eres digno de toda mi gratitud. Gracias por tener tanta paciencia conmigo mientras me indicas el camino que debo seguir y me conduces a tu Palabra, que revela tu voluntad en mi vida. Cuando estoy consumido por mis propios problemas, encuentras la manera de comunicarte conmigo y recordarme quién eres. Me recuerdas que eres *Jehová Ori* y que quieres iluminar mis pasos. Me traes la luz de la salvación solo si me vuelvo a ti con un corazón lleno de confianza. Recibe mi gratitud por tu grandeza.

Súplica

Jehová Ori, a veces las decisiones que debo adoptar me sobrepasan. Quiero tomar la decisión correcta, pero no puedo prever todas las consecuencias de mis decisiones, las buenas y las malas. No tengo suficiente sabiduría para saber qué empleo debo aceptar, qué casa debo comprar, qué relación personal debo fomentar... Sea cual sea la decisión, *Jehová Ori*, ¿proyectarás luz sobre el camino que debo seguir y me enseñarás la dirección en que debo avanzar?

JEHOVÁ UZI

EL SEÑOR ES MI FORTALEZA

Jehová es mi fortaleza [Uzi] y mi escudo; en él confió mi corazón, y fui
ayudado, por lo que se gozó mi corazón, y con mi cántico le alabaré.
SALMOS 28:7

Adoración

Jehová Uzi, contigo puedo hacer todas las cosas porque eres mi fuerza. Te alabo por el poder que otorgas a quienes ponen en ti su confianza. Gracias a ti puedo hacer cosas que soy incapaz de hacer solo. Me pides que sea fuerte y valiente, y me das tu fuerza cuando participo en batallas. Nunca me dejarás ni me desampararás. Exalto tu nombre en alabanza y en adoración por ser mi fortaleza.

Confesión

Jehová Uzi, mis propias fuerzas no son comparables a las tuyas y, aun así, muchas veces, cuando llegan los malos momentos confío en mí mismo. Con frecuencia me fío de mis propias fuerzas o aplaudo mis propias capacidades cuando obtengo una victoria. ¡Qué rápido olvido que no es por fuerza ni por poder, sino por tu Espíritu en mí, por lo que supero los obstáculos de mi vida! Perdóname por no descansar en tus fuerzas. Perdóname también cuando intento apropiarme el mérito de mis victorias, cuando en realidad te pertenece.

Acción de gracias

Jehová Uzi, nunca he de temer, porque tú estás conmigo. Tampoco debo desmayar, porque eres mi Dios; me fortaleces y me ayudas, sosteniéndome con tu diestra de justicia. En ti encuentro todo lo que necesito para cumplir por completo mi destino. Gracias por ser mi fuerza. Pero incluso más que eso, gracias por la paz que tengo al saber que puedo descansar en esta verdad.

Súplica

Jehová Uzi, ayúdame a esperar en ti porque tu Palabra me dice que quienes lo hacen renovarán sus fuerzas. Se remontarán con alas como de águila, correrán sin cansarse y caminarán sin desmayar. Muéstrame la recompensa de la paciencia, el poder de esperar de verdad para ver cómo se manifiesta tu poder en mi vida. Concédeme la virtud de descansar en ti en todo lo que haga, porque cuando soy débil, tú eres fuerte. Quiero caminar y correr en esa verdad.

JEHOVÁ-RAFA

EL SEÑOR QUE SANA

*Y dijo: Si oyeres atentamente la voz de Jehová tu Dios, e hicieres
lo recto delante de sus ojos, y dieres oído a sus mandamientos, y
guardares todos sus estatutos, ninguna enfermedad de las que envié a
los egipcios te enviaré a ti; porque yo soy Jehová tu sanador [rafa].*
Éxodo 15:26

Adoración

Jehová-rafa, en tu Palabra dijiste a los israelitas que si te adoraban
como su Señor y Dios, bendecirías su pan y su agua y apartarías de
ellos las enfermedades. Exalto tu nombre en alabanza y adoración
porque eres el sanador por antonomasia. Con solo una palabra puedes erradicar la enfermedad, hacer que esta varíe su curso y traer sanidad a las células de nuestros cuerpos. Eres quien tiene en tus manos
el poder definitivo. Podemos esperar que los médicos o los fármacos
nos curen, pero tú tienes la última palabra. Te alabo por tu poder, tu
capacidad de sanar y tu deseo de hacerlo.

Confesión

Jehová-rafa, perdóname por no confiar en tu poder de sanación
y por preocuparme por lo que puede ir mal en mi cuerpo o en el
de algún familiar. Te ruego que me sanes no solo de mis dolencias
físicas, sino también de la duda que me impide confiar en ti como
Jehová-rafa y mirarte como mi sanador. Perdóname por perjudicar
mi cuerpo al no comer bien, hacer ejercicio habitualmente o descansar lo suficiente. Perdóname por no estimar mi cuerpo y tratarlo con
el valor que merece como tu creación y tu templo.

Acción de gracias

Jehová-rafa, me dices que esté atento a tus palabras y que incline mi oído a tus dichos. Que no permita que escapen de mi corazón, sino que los mantenga en su interior. Me dices esto porque son vida para mí y sanidad para mi carne. Cuando clamo a ti en momentos de angustia, me libras de mis inquietudes enviando tu palabra y sanándome. Gracias por tu amor constante y por tu obra maravillosa en mi vida.

Súplica

Jehová-rafa, sáname. Sana mi corazón, donde ha arraigado la amargura. Sana mi cuerpo, donde se ha infiltrado la enfermedad. Sana mi alma, donde me asaltan las dudas. Sana mi esperanza cuando sienta deseos de renunciar. *Jehová-rafa*, sáname. Sana mis palabras, de modo que hable con amor a quienes me rodean. Sana mis pensamientos, de modo que piense en lo que es justo. Muéstrame cómo cuidar el cuerpo que me has dado; qué comer, cuándo hacerlo, qué beber, cuánto descansar y cuánto ejercicio debo hacer. Hazme consciente de la importancia que tiene cuidar lo que me has dado gratuitamente para que lo disfrute: mi vida.

JEHOVÁ-ROHI

EL SEÑOR ES MI PASTOR

Jehová es mi pastor [Jehová-rohi]; nada me faltará.
Salmos 23:1

Adoración

Jehová-rohi, eres mi pastor, de modo que no tendré necesidad de nada. Me haces descansar en prados verdes. Restauras mi alma, me conduces junto a arroyos de aguas apacibles. Preparas una mesa para mí en presencia de quienes me aborrecen. Unges mi cabeza con aceite, y llenas mi copa a rebosar. Gracias a ti, el bien y la misericordia me seguirán todos los días de mi vida. Como eres mi pastor, habitaré en tu casa para siempre. Eres el gran pastor. Eres el guía de mi alma. Eres tanto Rey como pastor sobre todo.

Confesión

Jehová-rohi, a menudo siento que me faltan cosas. A menudo contemplo las cosas que no tengo y las codicio. Perdona mi descontento. Como pastor, me has dado todo lo que necesito. Cuando siento que me falta algo, no es porque no hayas hecho provisión para mí: se debe a que no he tenido en cuenta lo que me has dado. Perdona mis pecados, sobre todo cuando no me dejan ver todas las bendiciones que me has concedido. En ocasiones debo parecerte un niño desagradecido y, por eso, te pido tu perdón y tu gracia.

Acción de gracias

Jehová-rohi, gracias por ser tan paciente y amoroso. Gracias por llevarme a pastos verdes y hacerme descansar en ellos. Sabes dónde estaré mejor y es allí donde me conduces. Encuentras el lugar de máximo reposo y me abres la puerta a él. Gracias por asegurar constantemente mi bienestar, incluso cuando yo no lo hago. Gracias por pensar por mí cuando no consigo hacerlo yo. He visto la intervención de tu mano durante toda mi vida, cerrando puertas que, de haberlas cruzado, habrían sido perjudiciales para mí. Gracias por ser mi pastor, que sabe lo que es mejor y me conduce en esa dirección.

Súplica

Jehová-rohi, con toda la confusión que tengo por delante, necesito que me guíes por el sendero adecuado. No siempre puedo ver por qué camino seguir y qué decisión tomar. Necesito que seas mi pastor y me muestres el camino. ¿Me ayudarás a aprender cómo escucharte mejor de lo que lo hago? ¿Sintonizarás mi corazón y mi mente para escuchar tu voz de modo que te pueda seguir más fácilmente, igual que un cordero confiado sigue a su pastor? Ayúdame a tomar decisiones que te honren y te glorifiquen. Sin ti como mi pastor, sin duda erraría de un lado para otro hasta perderme. Guíame con tu mano y muéstrame tu cuidado amoroso en tu calidad de pastor a lo largo del camino de la vida.

RÚAJ HAKODESH

ESPÍRITU SANTO

No me eches de delante de ti, y no quites de mí
tu santo Espíritu [Rúaj Hakodesh].
SALMOS 51:11

Adoración

Rúaj Hakodesh, eres la esencia y el ser de Dios. Le representas y le reflejas de innumerables maneras. Te exalto con alabanza y adoro tu hermosa santidad. Me arrodillo ante ti, *Rúaj Hakodesh*, y te levanto mis manos, proclamando a todos los que me escuchen que te pertenezco y que te honro con mis pensamientos, palabras y actos. Te entrego todo lo que soy; todo lo que soy ama todo lo que eres. Soy tuyo.

Confesión

Rúaj Hakodesh, muéstrame tu gracia conforme a tu misericordia. Según la grandeza de tu compasión, borra mis transgresiones. Lávame a fondo de mi iniquidad y límpiame de mi pecado. Porque conozco mis transgresiones y mi pecado está siempre delante de mí. He pecado solamente contra ti, y he hecho lo que está mal ante tus ojos. Tus palabras están justificadas y no tienes mancha alguna cuando juzgas.

Acción de gracias

Rúaj Hakodesh, gracias por la cercanía de tu presencia. Gracias por tu voz que me susurra cuando estoy en peligro. Gracias por convencerme de pecado antes de que lo cometa. Gracias por guiarme con sabiduría. Gracias por ser el *Rúaj Hakodesh* eterno y por estar siempre ahí cuando más te necesito. Mi corazón te ofrece la gratitud que surge de saber lo importante que eres realmente para mí. Recibe la acción de gracias que te ofrezco con placer, esperando que te alegre y te deleite.

Súplica

Señor Dios, crea en mí un corazón limpio y renueva un espíritu firme dentro de mí. No me expulses de tu presencia, ni me quites el *Rúaj Hakodesh*. Devuélveme el gozo de tu salvación y susténtame con un espíritu dispuesto. Entonces enseñaré tus caminos a los transgresores, y los pecadores se volverán a ti. Abre mis labios para que mi boca declare tu alabanza. No te deleitas en los sacrificios, que si no te los daría. No te complacen los holocaustos. Los sacrificios que me pides son un espíritu quebrantado y un corazón contrito. Por tu misericordia haz el bien en mi vida, *Rúaj Hakodesh*.

JEHOVÁ SALI

EL SEÑOR ES MI ROCA

Jehová, roca mía [Sali] y castillo mío, y mi libertador;
Dios mío, fortaleza mía, en él confiaré; mi escudo,
y la fuerza de mi salvación, mi alto refugio.
SALMOS 18:2

Adoración

Jehová Sali, tu Palabra dice que cuando los justos claman, los escuchas y los libras. Te alabo porque eres mi roca cuando estoy angustiado. Eres un Dios de gran compasión, misericordia y gracia. Tu corazón desborda amor abundante, un amor que me protege cuando tengo necesidad de ello. Eres mi roca y mi fortaleza, mi fuerte libertador. Eres grande y exaltado en el monte de la paz. Santo eres tú, *Jehová Sali*, y muestras tu fortaleza a los necesitados.

Confesión

Jehová Sali, cuando padezco dolor o necesidad, a veces recurro a cosas que me distraen: los medios sociales, la comida, una relación... cualquier cosa que aparte mi pensamiento de lo que me atribula. Perdóname por no recordar que mi liberación está solo a una oración de distancia. Perdóname por olvidar tu nombre, *Jehová Sali*, cuando estoy necesitado.

Acción de gracias

Jehová Sali, no hay palabras suficientes para agradecerte del todo lo cercana que está de mí tu liberación. No me libras solamente de las grandes catástrofes, sino también de los pensamientos destructivos. Me libras de desperdiciar el tiempo preocupándome e inquietándome. Me libras al recordarme tus nombres y devolviendo la paz a mi corazón. Gracias por mostrarte fuerte un día sí y otro también, por no abandonarme ni desampararme, y por ser siempre mi escudo, mi roca, mi fortaleza y mi libertador.

Súplica

Jehová Sali, ¿dónde estaría sin ti? Estaría perdido. ¿Como podría gestionar todas las cosas que hago si no contase con tu escudo que me protege de las flechas del enemigo? No podría hacerlo. Te pido que estés alerta, como siempre lo estás, para protegerme de peligros de los que ni siquiera soy consciente. Rodéame con tus ángeles y cúbreme con la sangre de Jesucristo mientras conduzco, como y hago mis tareas cotidianas. Los peligros acechan por todas partes y, a menudo, perdemos de vista los más frecuentes, pero tú me proteges cada día. Ruego que diariamente me encuentre afirmado en la roca, *Jehová Sali*, porque bajarse de ella es exponerse al peligro.

JEHOVÁ-SHALOM

EL SEÑOR ES NUESTRA PAZ

Entonces Gedeón construyó allí un altar al SEÑOR, y lo
llamó «El SEÑOR es la paz» [Jehová-shalom].
JUECES 6:24 (NVI)

Adoración

Jehová-shalom, hablaste al viento y a las olas y las calmaste con una sola palabra. Cuando clamo a tu nombre acallas la tormenta en mi interior. Traes paz a mi corazón y a mi alma cuando permanezco en tu presencia. En ti encuentro la plenitud de la paz y de la verdad. Sea cual sea nuestro origen, trasfondo, educación o posición social, optas por levantarnos y darnos paz en tu nombre. Igual que liberaste a Israel por medio de Gedeón, puedes traer paz a quienes me rodean por medio de mí, cuando consagro mi vida a ti en todo lo que hago. Te alabo porque eres el autor y consumador de mi paz.

Confesión

Jehová-shalom, la preocupación es una plaga en nuestro país. Gastamos millones de dólares en fármacos para calmar nuestra ansiedad. La paz es un lujo que las casas grandes y los buenos sueldos no parecen proporcionar. La paz elude a muchos de nosotros. Admito que me esquiva más de lo que debiera. Con la fe viene la paz. Con la confianza viene la paz. Con el reposo viene la paz. Perdóname por no tener la cantidad que debería de estas tres cosas, y concédeme la gracia de tu paz.

Acción de gracias

Jehová-shalom, mi corazón rebosa de gratitud por la paz maravillosa que me ofreces. Hoy día el temor y la ansiedad tienen numerosos orígenes y, muchos de ellos, son legítimos: pruebas, peligros, problemas de salud, pérdidas... Estas cosas intentan arrebatarme la paz. Pero gracias por estar siempre dispuesto y deseoso de ofrecerme el don de la paz. Gracias por poner tu paz a mi alcance solo con pedirla y confiar en ti. Gracias por ser mi única paz verdadera.

Súplica

Jehová-shalom, declaro tu *shalom* a mi cuerpo, a mis células. Declaro *shalom* a mi salud, calmando lo que está irritado o molesto de alguna manera. Declaro *shalom* a mi mente, mis pensamientos y mi corazón. Invoco tu nombre, *Jehová-shalom*, para que estés presente en todo esto y en mucho más. *Shalom* para mis planes, mi futuro, mis relaciones. Muéstrate a mí y revélame las decisiones que debo tomar para acceder a un grado de tu paz incluso más alto que el que tengo.

JEHOVÁ-SAMÁ

EL SEÑOR ESTÁ AHÍ

El perímetro urbano será de nueve mil metros.
Y desde aquel día el nombre de la ciudad será:
«AQUÍ HABITA EL SEÑOR [Jehová-samá]».
EZEQUIEL 48:35 (NVI)

Adoración

Jehová-samá, vives en un lugar que nunca he visto. Has establecido los cielos sobre mi cabeza, que se extienden hasta mucho más
allá de lo que pueda conocer. Mi mente finita no puede comprenderte en toda tu majestad, sentado en la nueva Jerusalén, el lugar de
tu morada, el lugar de *Jehová-samá*. Sin embargo, también estás a mi
lado ahora, y mi alabanza está en tu corazón y en tus oídos. Eres mi
amigo más íntimo y te alabo por toda tu grandeza.

Confesión

Jehová-samá, haz que mi corazón sienta la tristeza santa que debo
sentir cuando te ofendo. Eres *Jehová-samá*, allí en el lugar que será
mi hogar eterno y, sin embargo, no te tengo en cuenta como debiera
en mi vida cotidiana *aquí*. Ayúdame a conocer la tristeza que provocan los pecados que cometo contra ti. Perdóname por sentir a veces
que, como eres *Jehová-samá*, no estás lo bastante cercano como para
darme el consuelo y el amor que necesito mientras camino por este
mundo. Recuérdame una y otra vez que eres mi *Jehová-samá*.

Acción de gracias

Jehová-samá, eres grande y exaltado, y las faldas de tu manto llenan el templo de la nueva Jerusalén. Gracias por preparar un lugar
donde habitaré contigo por toda la eternidad. Sé que aunque tú estás

allí, también estás aquí. Tu mirada descansa en el mundo, pero, al mismo tiempo, fijas tu vista en el humilde gorrión. Rodeas el universo, pero también a mí. Gracias por estar allí y por estar aquí, en mí, al mismo tiempo.

Súplica

Jehová-samá, te pido que me ayudes a saber que todo irá bien a medida que avance por este día, este mes y este año. Los retos a los que me enfrento a menudo son demasiado grandes como para soportarlos. Que invoque tu nombre, *Jehová-samá*, como recordatorio de que has ido delante de mí y ya reposas donde estaré un día, en tu presencia y en tu hogar. Que esa verdad me dé paz mientras camino por mi vida cotidiana. Hazme más consciente de tu grandeza, *Jehová-samá*. Dame una visión de dónde estás: *aquí*.

JEHOVÁ-TSIDKENU

EL SEÑOR, NUESTRA JUSTICIA

En sus días será salvo Judá, e Israel habitará confiado;
y este será su nombre con el cual le llamarán:
Jehová, justicia nuestra [Jehová-tsidkenu].
JEREMÍAS 23:6

Adoración

Jehová-tsidkenu, no tengo una justicia propia derivada de obedecer la ley, sino que la justicia que tengo se debe a la fe que pongo en Cristo. Es la justicia que depende totalmente de la fe. Por medio de esta fe, borras mis pecados y me ves siempre puro, una gracia comprada y obtenida por medio de la vida de Cristo. Te alabo por tu bondad y tu gracia, y por las misericordias que me das cada día y cada instante de cada día. Por amor a mí hiciste pecado a quien no conoció pecado, de modo que en Él pueda justificarme ante Dios. Gracias.

Confesión

Jehová-tsidkenu, vengo a ti con un corazón angustiado por todos los pecados que he cometido, en busca de tu perdón y tu misericordia. Perdóname por cada palabra de odio que he pensado o pronunciado en mi vida. Perdóname por todas las cosas egoístas que he hecho. Perdona la dureza de mi corazón y mi falta de fe. Perdona mis temores, aparta mis dudas y cubre mis inseguridades con tu amor justo y sellado con un pacto.

Acción de gracias

Jehová-tsidkenu, gracias por imputarme tu justicia de modo que estoy sobre las promesas de tu cuidado mediante pacto, no por nada que haya hecho sino gracias a tu gran amor. Gracias por limpiarme de toda injusticia y por cubrirme con la sangre de Jesucristo. Esta justicia de la que puedo disfrutar ahora costó un gran precio al Hijo de Dios, y mi corazón desborda de gratitud cuando pienso en todo lo que has hecho por mí.

Súplica

Jehová-tsidkenu, cuando me cubres con tu justicia, ruego que me des la gracia de ser siempre consciente del precio de este don. No quiero tomármelo a la ligera ni menospreciar el precio que pagaste para ofrecerme este regalo. Pero también ayúdame a aceptarlo, de modo que pueda mantenerme en pie y confiado delante de ti. Mantén mi corazón abierto a ti de modo que pueda acercarme a ti y buscar las promesas del pacto que has establecido con aquellos que se revisten con la justicia de Jesucristo. Hazme útil para ti cuando te sirvo con humildad y adoración, en justicia delante de tu trono.

EMANUEL

DIOS CON NOSOTROS

Por tanto, el Señor mismo os dará señal: He aquí que la virgen
concebirá, y dará a luz un hijo, y llamará su nombre Emanuel.

ISAÍAS 7:14

Adoración

Emanuel, Dios con nosotros. El ser más elevado, más perfecto, el
Creador de todas las cosas, eligió vivir entre nosotros. Te convertiste
en un bebé en un establo. No permitiste que tu entorno te definiera.
No permitiste que tu humanidad te limitase. Eres plenamente Dios
y plenamente hombre, y llevaste el pecado de toda la humanidad
para ofrecernos la salvación. *Emanuel*, no hay nadie como tú. Eres
la esperanza de gloria. Eres la ayuda siempre presente en momentos
de necesidad. Estás más cerca que un hermano, más amado que un
amigo. Eres el Rey de reyes en un pesebre: el Rey humilde, que vino
a revelar el carácter y el corazón del Padre a todos nosotros.

Confesión

Emanuel, cuando llega Navidad nos centramos mucho en ti.
Montamos nuestras escenas del Nacimiento y colgamos las estrellas.
Te prestamos atención y te damos el honor que mereces. Pero, a
menudo, durante el resto del año, olvidamos la importancia de tu
nombre, Dios con nosotros, *Emanuel*, Dios en la carne. Perdóname
por distraerme tan fácilmente que no te doy el honor que mereces
todos los días. Perdóname por buscar fuera de ti lo que solamente tú
puedes dar: el sentido, el propósito y la vida.

Acción de gracias

Emanuel, te humillaste y viniste en forma humana para que pudiéramos ver cómo era realmente el Padre. Gracias por dejar los cielos y acercarte a nosotros en la tierra. Gracias por mostrarnos el modelo de lo que es el amor verdadero, el sacrificio y el perdón. Gracias por ser mi *Emanuel*, mi amigo y mi Señor. Sabes lo que supone ser humano, conoces el dolor y sabes qué es estar solo. Y como lo sabes, cuando soy débil me muestras tu compasión. Gracias por tu compasión, *Emanuel*. Eres mi Salvador y mi Rey.

Súplica

Emanuel, ruego que las personas de todo el mundo y de nuestro país lleguen a conocerte como "Dios con ellos". Ruego que tu nombre se extienda de tal manera que otros quieran acudir a ti. Fortalece a tus seguidores en tu reino, de modo que vivan vidas que reflejen tu gloria y conduzcan a las personas a ti como Rey, como Dios con nosotros. Que te experimentemos más plena e íntimamente cada día. Que no seas para nosotros un Dios distante, alejado, sino que te conozcamos como *Emanuel*, Dios con nosotros. Y que yo te conozca como *Emanuel*, Dios conmigo.

GO'EL

PARIENTE REDENTOR

Condujiste en tu misericordia a este pueblo que redimiste
[Go'el]; lo llevaste con tu poder a tu santa morada.
ÉXODO 15:13

Adoración

Go'el, gracias a tu amor hemos recibido tu redención. Tu corazón está lleno de amor y de bondad para con tu pueblo. Tus pensamientos sobre mí me honran con un amor distinto a todo lo que he conocido en esta vida. Me bendices con tu gracia y tu redención y, por eso, te alabo con todo lo que soy. Levanto mi voz para anunciar tu bondad a todos los que me oigan. Vivo con un corazón lleno hasta rebosar de una esperanza que nace de saber que eres mi pariente redentor. Me has comprado con la sangre de Jesucristo y me has conducido a tu santa morada.

Confesión

Go'el, ¡con qué frecuencia infravaloro lo que has hecho por mí! Me has sacado del pozo y me has encumbrado a la presencia del Dios todopoderoso y, sin embargo, no pienso en ti, o lleno mi tiempo con cosas menos importantes. Eres el Dios grande y santo, que vive en una morada grande y santa, pero con demasiada frecuencia yo sigo dentro de los límites de mis propias debilidades finitas, en lugar de permanecer contigo en ella. Perdona mi egoísmo al no reconocerte como *Go'el*, mi pariente redentor, con todo lo que eso conlleva.

Acción de gracias

Go'el, gracias por verme tal como soy, un pecador incapaz de redimirse a sí mismo. Igual que Booz vio a Rut espigando en el campo, tú me has visto en mi estado indefenso y te acercaste a mí para garantizar mi redención. No me dejaste donde estaba, perdido y solo. Por tu enorme gracia, que me rescató del enemigo, ahora tengo esperanza. Gracias por una nueva esperanza que me da el coraje para enfrentarme a cada día con confianza en tu poder redentor.

Súplica

Go'el, ¿caminarás tan cerca de mí que pueda darme cuenta de tu presencia? ¿Me harás consciente de ello? Eres mi pariente redentor, que me ha librado de una vida de sufrimiento eterno. Ayúdame a experimentar tu redención cada día. Ayúdame a descubrir la plenitud de la vida abundante que viniste a garantizar y que ahora me ofreces tan generosamente por medio de la redención de Jesucristo. Ayúdame a conocer la bendición de tu redención al mostrarme la belleza de tu gracia a cada momento. Te amo, *Go'el*, eres mi familia. Estás más próximo a mí que un hermano.

KADOSH

EL SANTO

¿A qué, pues, me haréis semejante o me
compararéis? dice el Santo [Kadosh].
Isaías 40:25

Adoración

Kadosh, en el año en que murió el rey Uzías, Isaías te vio sentado en un trono, alto y excelso, y las faldas de tu manto llenaban el templo. Por encima de ti vio serafines, cada uno de los cuales tenía seis alas. Con dos se cubrían el rostro, con dos se cubrían los pies y con las otras dos volaban. Mientras Isaías estaba allí mirando, escuchó la voz de uno de los serafines que clamaba a otro diciendo: "Santo, santo, santo es el Señor de los ejércitos; toda la tierra está llena de su gloria". Sin duda que santo, santo, santo eres tú, *Kadosh*. Toda la tierra está llena de tu gloria.

Confesión

Kadosh, se estremecieron los umbrales de las puertas con la voz de los serafines que se decían uno a otro: "Santo, santo, santo es el Señor de los ejércitos; toda la tierra está llena de su gloria". El templo se llenaba de humo. Toda la escena reflejaba tu santidad. Aquel día tu santidad intangible afectó el entorno tangible de Isaías. Perdóname por no responder a tu santidad en el grado que mereces. Perdóname por olvidar tan fácilmente el poder y la pureza de quien eres. Ayúdame a responder con una alabanza y una humildad completas cuando me hagas consciente de tu santidad, mi *Kadosh*.

Acción de gracias

Kadosh, gracias por revelarme la inmensa gracia que es mía y que me permite entrar en tu presencia. Igual que el ángel voló hasta Isaías con el carbón encendido y tocó con él sus labios, tú me has limpiado de toda injusticia mediante la expiación sustitutiva de Jesucristo en su muerte, sepultura y resurrección. Soy impuro y vivo en medio de un pueblo impuro, pero tú me has limpiado y me has hecho tan santo como eres tú. Gracias por tu amor misericordioso, *Kadosh*, que me permite conocerte y ser aceptado por ti.

Súplica

Kadosh, que tu santidad se manifieste en mí. Que transforme mi forma de hablar, mis pensamientos y mis actos. Has comprado mi pureza a un coste muy elevado. No quiero que se desperdicie en mi vida. Ayúdame a honrarte en todo lo que haga. Guía mis decisiones con la sabiduría de tu Palabra. Muéstrame cómo vivir en la plenitud de tu conocimiento, y haz de mi vida un instrumento santo aceptable a ti, que es mi culto racional. Ayúdame a centrarme en tu santidad y no en mis pecados presentes o pasados, de modo que no me vea aplastado por la culpa y la tristeza. Capacítame para vivir una vida consagrada a ti.

RÚAJ ELOHIM

ESPÍRITU DE DIOS

Y cuando llegaron allá al collado, he aquí la compañía de los profetas que venía a encontrarse con él; y el Espíritu de Dios [Rúaj Elohim] vino sobre él con poder, y profetizó entre ellos.

1 SAMUEL 10:10

Adoración

Rúaj Elohim, eres el Espíritu del Dios vivo. En ti pongo mi esperanza y mi confianza. Gracias a ti puedo experimentar, en mi vida, la plenitud de Dios. La libertad viene como tu reino en mi vida. Me guías y me diriges en mis pensamientos. Oras por mí con palabras que ni siquiera sé que debo pronunciar. Eres el Espíritu de Dios, su ayudador, su aliento poderoso. Te exalto y te honro. Te ruego que tu plenitud se dé a conocer en este mundo, que te necesita tan desesperadamente.

Confesión

Rúaj Elohim, te ruego que me perdones por los pecados que guardo en mi corazón. Perdóname por la envidia; perdóname cuando miro las vidas de otras personas que me parecen tan perfectas que empiezo a sentirme desagradecido por todo lo que has hecho por mí. Perdóname cuando estoy celoso, comparando tu plan para mí con el favor y la gracia que has otorgado a otros en su camino. Lo único que consigue esto es poner distancia entre tú y yo, y tengo que estar cerca de ti. Te confieso estos pecados y te pido que en el futuro me libres de ellos.

Acción de gracias

Rúaj Elohim, gracias por tu amor y tu fidelidad. Gracias por vivir en mí. Gracias por impartir a mi corazón la sabiduría de tu Palabra. Gracias por todo esto y por mucho más. Gracias por estar a mi lado aun cuando me siento muy solo, cuando incluso me planteo si le importo a alguien. Pero sé que estás allí, *Rúaj Elohim*, y que estás cerca.

Súplica

Rúaj Elohim, bendigo tu nombre y exalto tu santidad, para que sea alabada, y te pido que estés siempre presente en mi espíritu. Que tu Espíritu Santo domine el mío. No quiero seguir luchando con el temor, el dolor o las dudas. Quiero que la confianza y el reposo que proceden de tu presencia sean evidentes en todo lo que haga y sienta. Te busco, *Rúaj Elohim*, busco tu cercanía a mi vida. Necesito tu presencia en todo lo que hago, cada día y cada instante. Ayúdame a conocerte y a amarte como debo hacerlo.

JEHOVÁ MALÁK
EL ÁNGEL DEL SEÑOR

Y la halló el ángel de Jehová [Jehová Malák] junto a una fuente de
agua en el desierto, junto a la fuente que está en el camino de Shur.
GÉNESIS 16:7

Adoración

Jehová Malák, te alabo porque buscas a los perdidos. Buscas a los
que están solos llevándoles un mensaje de esperanza. Encontraste a
Agar cuando la habían arrojado al desierto, y le concediste la compasión que viene de lo alto. Pensaba que su vida se había acabado,
pero tú le mostraste que tenía un futuro y una esperanza. Te alabo
porque eres el mensajero de Dios, que busca a quienes más necesitan
oír hablar de Él. Sea alabado tu nombre, *Jehová Malák*, con las más
altas alabanzas.

Confesión

Jehová Malák, no siempre te honro como debería con mis palabras y mis pensamientos. Cuando estoy solo y temo por mi futuro,
como le pasó a Agar, no siempre te busco a ti ni a tu mensaje de
esperanza para mí. A veces tengo miedo e intento hacer las cosas por
mi cuenta. Perdóname, *Jehová Malák*, por no darte la gloria debida
a tu santo nombre.

Acción de gracias

Jehová Malák, gracias por llevar esperanza a los necesitados.
Gracias por encontrarme en mis horas más oscuras, aquellas de sufrimiento más profundo, dándome un mensaje de mi Rey. Gracias por
tu fidelidad al Padre y por cuidar de mí cuando no he podido o no
he querido cuidar de mí mismo. Conoces el camino que debo seguir,

y también el futuro que tendré. Gracias por acudir a mí cuando voy a ciegas y por compartir la verdad del Señor mi Dios.

Súplica

Jehová Malák, conocerte y experimentarte genera poder. Hay cosas que escapan a mi control, como circunstancias en mi familia, el trabajo o mi salud. Sea lo que sea, tú lo sabes todo al respecto. Solo tú tienes el poder para penetrar en todo aquello que me rodea y consolarme cuando estoy angustiado. ¿Vendrás a mí, *Jehová Malák*? Te necesito cerca. Necesito escuchar el mensaje que mi Dios tiene para mí. Ven y cuéntame las cosas buenas que me tiene reservadas, para que pueda volver a tener esperanza en Él.

JEHOVÁ TSEMAJ

EL RENUEVO DEL SEÑOR

En aquel tiempo el renuevo de Jehová [Jehová Tsemaj]
será para hermosura y gloria, y el fruto de la tierra para
grandeza y honra, a los sobrevivientes de Israel.
ISAÍAS 4:2

Adoración

Jehová Tsemaj, eres hermoso; eres glorioso. El fruto de la tierra es el orgullo y el ornamento de todos aquellos que invocamos tu nombre. *Jehová Tsemaj*, eres el renuevo que ha plantado Dios, una rama que no es posible desarraigar, el renuevo de su plantación y su propósito. Te alabo por la victoria que has conseguido y por el sustento vivificador que ofreces a todos los que invocan tu nombre. Te ruego que nos adornemos con la belleza de tu nombre y descansemos en la abundancia de tu fruto. Que nos enseñes a depender de ti cuando ofrezcamos humildemente el fruto de nuestros labios en alabanza y acción de gracias.

Confesión

Jehová Tsemaj, perdóname por la impureza que hay en mi interior. Mírame con tu gran compasión, porque sabes que no soy más que polvo. Mi corazón se aparta rápidamente de ti en pos de cosas que deseo, o por los senderos del temor y la angustia. Sea como fuere, te he ofendido con mi pecado y, como resultado, has enviado a tu renuevo, *Jehová Tsemaj*, que me otorga la pureza en su nombre. Contempla también a nuestra nación y límpianos por el poder de tu nombre. Detén el derramamiento de sangre entre nosotros y concédenos refugio frente a la tormenta que hemos invocado sobre nuestro país debido a nuestra rebelión contra tus estatutos y leyes justas.

Acción de gracias

Jehová Tsemaj, gracias por traerme tu santidad y tu pureza. Gracias por no dejarme solo para que muriera o que siguiera manchado por mis propios pecados. Tu gran amor me da esperanzas. No solo me has limpiado, *Jehová Tsemaj*, sino que me has protegido del calor del día. Eres mi refugio frente a los males de esta vida. Mi corazón rebosa un clamor alegre: el cántico de la gratitud. Recibe mi acción de gracias, que espero que te complazca.

Súplica

Jehová Tsemaj, te alabo por tu perdón lleno de gracia, porque me has redimido del pozo y me has limpiado de todo aquello que no debía estar allí. Señor, también te pido que, por tu poder, me apartes de aquello que te ofende y que, en última instancia, también me perjudica. Permanece siempre muy cerca de mí para vigilarme y guiarme por el camino de la sabiduría y de la justicia, de modo que sienta que te complace todo lo que hago. También te ruego que levantes líderes para nuestro país que nos instruyan conforme a los propósitos de tu reino y nos lleven en una dirección nueva en la que te honremos por toda nuestra nación.

ESH OJLA

FUEGO CONSUMIDOR

Porque Jehová tu Dios es fuego consumidor [Esh Ojla], Dios celoso.
Deuteronomio 4:24

Adoración

Esh Ojla, eres fuego consumidor. Nos enseñas que no debemos adorar a ningún otro dios, porque eres el Dios celoso. Tus emociones son intensas y nos dices una y otra vez en tu Palabra que no compartirás tu gloria con ningún otro. Exalto tu nombre en alabanza y acción de gracias por tu gran poder, que coloca a las estrellas en su sitio, y también por tu mano delicada, que ordena los pasos de mi camino. Un Dios consumidor, más grande que el universo, pero que también se interesa profundamente por mis afectos, es un Dios que merece mi adoración en todo momento.

Confesión

Esh Ojla, si el modo en que invierto mi tiempo fuera un indicador de mis afectos, ¿qué lugar ocuparías? ¡Dedico tanto tiempo al ocio, el trabajo o a las distracciones sencillas, a menudo con intención de pasar el tiempo! Sin embargo, eres un Dios celoso y un fuego consumidor, un Dios al que no debo tomar a la ligera. Confieso que a menudo pongo mi corazón en cosas que no tienen que ver contigo. Sabes que es así, pero quiero que sepas que yo también lo sé y te pido humildemente que me perdones. Muéstrame tu gracia y lleva mi corazón a ti.

Acción de gracias

Esh Ojla, gracias, mi Dios, porque aunque eres un fuego consumidor también sabes contenerte. Gracias por no pagarme conforme merecen mis pecados. No me has tratado conforme a mi infidelidad. Gracias por la gentileza de tu paciencia y por la intensidad de tu amor. Si realmente no me amases, no te importaría a quién dedicase yo mi corazón. Es precisamente porque me amas tanto por lo que tu fuego consumidor arde con fuerza cuando mis afectos se centran en otras cosas que no son de ti. Gracias por la pasión de tu amor.

Súplica

Esh Ojla, recuérdame que eres un fuego consumidor, pero te ruego que lo hagas con amor, por tu gracia. No quiero minimizar tu importancia en mi vida, pero a menudo lo hago simplemente por descuido. Cultiva en mi vida el amor más perfecto que pueda tener por ti. Cultiva actos que reflejen ese amor, *Esh Ojla*. Llévame a tu presencia con una fidelidad completa, de modo que no provoque tus celos en ningún sentido. Quiero que seas lo primero en mi corazón, mi mente y mi alma, justo como me has pedido que debe ser. Sin embargo, sabes que no soy más que polvo. Te ruego que me instruyas y me prepares para honrarte como eres digno de ello.

'AB

PADRE

Padre ['Ab] de huérfanos y defensor de viudas
es Dios en su santa morada.
SALMOS 68:5

Adoración

'Ab, eres un padre para los huérfanos y el defensor de los necesitados. Santo es tu nombre, porque estás por encima de todo. Exalto tu nombre en alabanza y adoración, reconociéndote como mi Padre, un Padre que siempre está ahí cuando lo necesito. A veces nuestros padres terrenales nos abandonan o no saben cómo estar ahí cuando los necesitamos. Pero, cuando sucede eso, tú te revelas como nuestro Padre verdadero. Llenas el vacío y nos traes consuelo y guía a todos los que buscamos tu rostro como Padre. Tienes tantos hijos, 'Ab, que no sé cómo puedes estar pendiente de cada uno de nosotros al mismo tiempo, pero puedes hacerlo. Eres el mayor Padre de todos.

Confesión

'Ab, ¿cuántas veces he olvidado recibir tu consuelo y tu cuidado como Padre porque no he recordado que estabas ahí, o simplemente porque no te conozco por este nombre? Tú eres Dios; eres el Creador; eres santo. Y, a veces, esto me hace sentir que también estás muy distante. Sin embargo, el nombre 'Ab me dice que no estás nada lejos. De hecho, estás tan cerca de mí como un padre de su hijo. Cuando tenga miedo, confiaré en ti porque tienes mis problemas en tu mano. Mi corazón halla refugio en el tuyo.

Acción de gracias

'Ab, gracias por no dejarme huérfano. Tanto si mi padre terrenal está cerca de mí y me ama como si es alguien a quien no conozco, no puede ser todo lo que necesito en un padre, porque ningún ser humano es perfecto. Solo tú eres perfecto y solo tú me ofreces todo el cuidado amante y cariñoso que puede dar un padre. Gracias por tu paciencia, amabilidad y bondad. Gracias por estar a un paso de distancia. Cuando susurro tu nombre, *'Ab*, me oyes.

Súplica

'Ab, quiero conocerte más. Quiero experimentar más tu presencia. Quiero comprender lo que significa vivir cada día de mi vida en la plenitud de quien eres, y con la paz que nace de confiar en ti como mi Padre. Quiero buscar tu sabiduría en las elecciones que hago, en lugar de correr alocadamente para acabar en callejones sin salida. Perdóname por tomar decisiones apresuradas y muéstrame cómo acudir a ti como mi Padre, aquel que guía todos los pasos que doy. Cuando esté vacío, lléname con tu cuidado paternal, poderoso y constante.

'OR GOYIM

LUZ DE LAS NACIONES

Yo Jehová te he llamado en justicia, y te sostendré
por la mano; te guardaré y te pondré por pacto al
pueblo, por luz de las naciones ['Or Goyim].
Isaías 42:6

Adoración

'Or Goyim, eres luz para las naciones. Eres un pacto para el pueblo. En tu justicia encontramos nuestra salvación. Eres mi Dios, *'Or Goyim*. Te alabo porque tu salvación alcanza los confines del mundo y se extiende por todos los continentes. Hay tribus y lenguas que aún no te conocen, pero ruego que envíes a ellos a tus siervos para llevar tu amor a los perdidos. Las naciones te pertenecen, eres Rey sobre todas las cosas. Exalto tu nombre, *'Or Goyim*, y te alabo por extender tus manos a las naciones.

Confesión

'Or Goyim, acudo a ti en nombre de todos aquellos en el cuerpo de Cristo que no hemos hecho todo lo posible para llevar tu nombre a las naciones. Eres luz para las naciones, pero hay muchas personas perdidas en las tinieblas simplemente porque no han oído hablar de ti. ¿Cómo oirán si nadie les predica? Envíanos, Señor, a aquellos habitantes del mundo que aún no han oído hablar de ti. Enséñanos a llevar tu nombre a esos necesitados y a llevar la luz de tu esperanza a un mundo moribundo.

Acción de gracias

'Or Goyim, mereces toda la alabanza y la acción de gracias, porque has traído la plenitud de la salvación a todas las naciones. Gracias

por abrir el acceso a tu bondad y a tu gracia a todos aquellos que confían en ti. Gracias por no restringir el don de tu salvación a ninguna nación y por ofrecer la esperanza de la eternidad a todos aquellos que creen en ti. Gracias por redimirnos y llevarnos a tu luz, porque en tu justicia hallaremos la nuestra.

Súplica

'Or Goyim, que tu nombre sean engrandecido entre las naciones. Que tu nombre sea alabado por todo el mundo. Que personas de toda lengua y tribu exalten tu nombre y busquen tu rostro para ser salvos. Envía a los siervos de tu reino a todos los rincones de este mundo para proclamar el mensaje del amor del pacto, que Jesucristo murió para ofrecer a aquellos que confían en Él con fe. Levanta a una generación de personas que no quieran otra cosa que proclamar que eres la luz del mundo a todas las naciones. Da a conocer tu nombre, 'Or Goyim, da a conocer tu nombre.

En esta vida hay problemas...pero DIOS tiene un NOMBRE para todos y cada uno de ellos.

Al estudiar y comprender los rasgos de Dios tal como se revelan mediante sus nombres, estarás más preparado para enfrentarte a la adversidad y a la victoria, a la pérdida y a la provisión y a todos los desafíos de esta vida.

EDITORIAL
PORTAVOZ

NUESTRA VISIÓN

Maximizar el efecto de recursos cristianos de calidad que transforman vidas.

NUESTRA MISIÓN

Desarrollar y distribuir productos de calidad —con integridad y excelencia—, desde una perspectiva bíblica y confiable, que animen a las personas a conocer y servir a Jesucristo.

NUESTROS VALORES

Nuestros valores se encuentran fundamentados en la Biblia, fuente de toda verdad para hoy y para siempre. Nosotros ponemos en práctica estas verdades bíblicas como fundamento para las decisiones, normas y productos de nuestra compañía.

Valoramos la excelencia y la calidad
Valoramos la integridad y la confianza
Valoramos el mérito y la dignidad de los individuos
y las relaciones
Valoramos el servicio
Valoramos la administración de los recursos

Para más información acerca de nuestra editorial y los productos que publicamos visite nuestra página en la red: www.portavoz.com